财务会计理论与实践探索

孟忠花　孙云飞　著

西南财经大学出版社

中国·成都

图书在版编目(CIP)数据

财务会计理论与实践探索/孟忠花,孙云飞著.
成都:西南财经大学出版社,2024.7. --ISBN 978-7-5504-6249-6
Ⅰ.F234.4

中国国家版本馆 CIP 数据核字第 20246XB179 号

财务会计理论与实践探索
CAIWU KUAIJI LILUN YU SHIJIAN TANSUO

孟忠花　孙云飞　著

策划编辑:肖　翀
责任编辑:肖　翀
责任校对:周晓琬
封面设计:张姗姗
责任印制:朱曼丽

出版发行	西南财经大学出版社(四川省成都市光华村街55号)
网　　址	http://cbs.swufe.edu.cn
电子邮件	bookcj@ swufe.edu.cn
邮政编码	610074
电　　话	028-87353785
照　　排	四川胜翔数码印务设计有限公司
印　　刷	四川煤田地质制图印务有限责任公司
成品尺寸	170 mm×240 mm
印　　张	13.25
字　　数	203 千字
版　　次	2024 年 7 月第 1 版
印　　次	2024 年 7 月第 1 次印刷
书　　号	ISBN 978-7-5504-6249-6
定　　价	78.00 元

前言

在经济管理中，财务会计发挥着不可或缺的作用，具有较强的理论性和实用性，为企业提升经营管理水平和决策能力提供了有力支持。本书不仅深入阐述了财务会计理论的基本体系，还在内容层面持续创新和完善，充分体现财务会计向管理会计转变的实践动态，以及数字经济时代新技术在财务会计工作中的广泛应用；通过积极探索财务会计的新内容、新方法和新模式，推动财务会计在数智时代的转型与高质量发展，为企业实现持续创新和竞争优势提供有力支撑。

本书精心编排，共分为七章，内容充实且逻辑严密。第一章从宏观角度全面论述了财务会计的核心内容，包括其定义、准则和制度，为后续章节的研究奠定了坚实的基础。第二章聚焦财务会计对象的管理，对资产、负债、所有者权益以及经营成果四个维度的管理进行了深入剖析。第三章致力于财务报表的研究，不仅指出了财务报表列报中常见的问题，还创新性地提出了一系列针对性的改进方法。第四章为财务会计的监督与管理，一方面详细阐释了财政部门的监督职责，另一方面深入探讨了公共预算监督与管理的关键要素。第五章以财务会计的内部控制系统为研究重点，对内部控制制度的构建、存在的问题及其解决方案进行了系统的分析。第六章创新性地将财务会计与管理会计的融合作为研究对象，涵盖了两者之间的关系、理论基础、所面临的挑战及其应对策略，以及实践发展的方向。第七章以数智时代为背景，前瞻性地探讨了财务会计的发展趋势、变革思路、方法模式和管理实践，展现了财务会计在新时代的创新与发展。

本书在多个方面展现出独特的创新之处。首先，它紧扣数字经济时代的脉搏，对财务会计的发展进行了深入剖析，展现出鲜明的时代特征。其次，本书从企业经济管理的角度出发，对财务会计进行了全面而深入的研究，凸显了其在经济管理领域的重要性。最后，本书勇于突破学科界限，将不同学科的相关知识进行整合，以全新的视角和框架呈现在读者面前，展现了强烈的学科融合性。

财务会计理论与实践是当前的关键研究领域，本书致力于追求研究的精确性与科学性，力求展现细致且完善的内容体系，期望本书能对财务会计理论与实践的进一步探索提供帮助。对于会计专业教师而言，本书将作为他们在专业知识更新、迭代和学术研究方面的宝贵参考资料，帮助他们不断拓宽视野，提升学术水平。同时，对于会计从业者来说，本书也将成为他们了解行业新发展、形成管理新思维的可借鉴的学习资源。

作者

2024 年 5 月

目录

第一章
财务会计相关概述

第一节 经济环境与财务会计演变

资本是趋利的，在信息不对称的资本市场上，投资者之所以愿意将其所拥有的财务资本让给企业管理、当局管理，企业之所以能够筹集到经营发展所需的资金，财务会计及其报告的地位和作用不可忽视。在经历了与资本市场之间的相互制约和互动发展之后，从传统会计分离出来的财务会计在确认、计量、记录、报告方面进行了一次次的革新，形成了相对独立的财务会计理论体系，这一理论体系随着经济的发展与资本市场的变迁还在不断地丰富和发展。

一、信息不对称与财务会计

当所有权与经营权分离时，外部投资者与公司内部管理者很难获取一致的信息资源，不对称的信息资源将产生一些后果，如道德风险、逆向选择等。道德风险意为管理层的工作效率与努力程度不能及时为外部股东、债权人所知，管理层或会偷懒，或将经营失败归咎于某些外部不可抗力的因素；而逆向选择则是由于公司内部管理者掌握了更多关于公司现状或发展前景的信息资源，同外部投资者之间形成了一定的信息差，内部管理者往往为了谋私而不惜牺牲投资者的相关利益。

当然，信息不对称的弊端可以借由管理者"自愿披露"与投资者"回馈信任"这一流程而得到较好的缓解。作为内部知道情况的管理当局，如果能够比较好地秉持道德约束准则，公开地、透明地编制财务报表，同时向外部信息处理人员提供客观、全面的信息以助力决策，双方协作就会达到比较理想的状态。而现实情况却不然，从层出不穷的欺诈案例和通过会计数字操纵的造假案例来看，依靠道德进行规范的效果相对较差。归根结底，是会计信息在资本市场中被视为关键、复杂的"商品"，而在不同决策者的处理中则反映为不同的决策结果。决策不同，市场整体的运作就会或多或少地发生改变。公开披露的财务报表是会计信息的核心载体。而由公司内部管理层负责的财务报表，将会让由会计信息来确认决策的外部投资人处于劣势地位。因此，一个能够保证会计信息是公允的、真实的制度存在十分必要。"公认会计原则"（GAAP）或者会计准则不仅能够直接规范财务报表的内容和形式，还能够运用独立审计验证流程。它的可行性在于，假如 GAAP 的质量足够高，那么受它所进行独立审计验证的信息质量就会得到保障，所以公司内部所提供的信息的质量就是非常可观的。

二、资本市场与财务会计理论

资本市场是信息集中汇集的主场，并且在配置社会资源、分布资产的方面发挥着关键性的作用，因此资本市场在市场体系中占据核心地位。投资者应当知道上市公司的财务情况、经营成果及其现金状况等消息，从而能够进行决策、投资。而一些相对比较发达的资本市场更重视决策有用观，这对于会计本身、会计准则指定机构而言是不可或缺的。

（一）公允价值

历史成本会计因适应工业经济的发展，一贯作为主体部分而存在。然而随着现代经济的更新换代，历史成本会计难以跟上经济发展的脚步。金融衍生工具、自创商誉、生物资产、人力资源等深刻影响企业价值，亦无法通过传统会计体系显现。

公允价值是指双方在自愿的情况下，他们之间存在着某种资产或者负债，在进行现行交易中，不是强迫或者清算所完成的购买、销售或者结算的金额。这区别于以往的以历史成本所进行的交易或者事项作为事实基础，按照现行交易的趋势来估计未来交易的价格，这就是公允价值。公允价值的特点有二：第一，公允价值建立在双方有意愿进行虚拟交易的基础上，而不是已经交易过的基础上；第二，公允价值是还没有实现交易的一个市场价格，不是当前交易所达成的交换价格。

在此，特别说明一点，公允价值是对现行交易的估计，是在双方有交换意图的背景下，对资产和负债所进行的一个价格估计。公允价值是计量属性，在缺少真实交易的背景下，可以参考假定交易，估算出现时的交易价格。常用的估价技术有市场法（market approach）、收益法（income approach）及成本法（cost approach）。三种估价技术应秉持以下原则：估价技术的沿用应以一贯性为要，估价的目的意在使公允价值更为可靠，因而，变更估价技术的情况，只能出现在寻找更客观、全面的公允价值的客观需要中。此外，公允价值的估计必须以市场信息为源头和根基。

（二）综合收益表

在传统的成本计量中，初始计量完成后，只有摊销、分配问题亟待解决，而持有资产价格在后续的变化则不在统筹范围之内，亦无未实现利得与损失的概念，而如若采用以公允价值为首的现行价值计量，未实现的利得和损失就必然产生，需要被考虑在内。然而在当今的会计实务中，有人将资产持有期间的价值变化计入当期损益，也有人计入所有者权益，还有人将不同的方法混用在同一种项目里，不统一的处理方式导致收益表的信息缺乏固定标准。相关管理人员无法对报告主体在某一期间的全部财务业绩进行准确、客观的评估，从而也难以对后期结果与未来现金流动情况进行相应的预测。今后会计实务的发展应着眼于如何提高综合收益表的完整度，以反映会计主体业绩。这一观念越发得到了理论界、实务界的支持。

综合收益的重点是保证收益要遵循"资产负债观"，而非"收入费用观"。同时，综合收益还要包括传统的损益表、限定项目所带来的额外收益，这使得当前的综合收益表虽看上去仍立足于传统的"收入费用观"，但事实上却是不断靠近"总括收益观"。

"资产负债观"着眼于保全企业的资本，强调利润是在企业与所有者切断经济往来之后，在某个区间内所产生的净资产变动额。"资产负债观"的利润计算条件是在资本保全后。"收入费用观"的理念是以收入与费用的多少来确定盈亏。"收入费用观"有两种要旨：其一为"当期经营观"，是指企业业绩的全部应为经营活动成果的反映，而不与非经常性损益相关；其二为"总括收益观"，是指为了防止因忽略非正常损益而造成的后期利润被高估的情况，企业业绩应为企业存续期间各个年度报告的利润总和，即涵盖所有交易或事项所确认的有关企业业主权益的全部变动（不包括企业和业主之间的交易）。

三、我国财务会计现状

（一）财务会计发展历程

自 1992 年起，我国开始实行社会主义市场经济体制，企业真正成为市场中的经营主体，所有权性质呈现多元化，经济活动复杂化。同年 10 月成立的中国证券监督管理委员会[①]标志着我国证券市场正式建立，随之而来的便是公司上市、并购和重组、企业跨国融资等市场经济经营活动。与此同时，我国逐步建立起与市场经济体制相适应的会计模式，并开始了以会计国际化为方向的会计改革路程。

面对日益复杂化的经济业务形态，财政部和国家体改委于 1992 年联合颁布了《股份制试点企业会计制度》以及《企业会计准则——基本准则》，二者都对国际会计准则体系进行了借鉴。这之后，我国于 1997 年又颁布执行了第一个具体会计准则——《关联方关系及其交易的披露》。在具体准则陆续制定与实施期间，我国于 1998 年开始实施《股份有限公司会计制度》，后又于 2001 年颁布实施了《企业会计制度》。

会计准则是国际通用的会计规范形式。而我国在现有会计制度的大框架下，又制定了基于我国国情的会计准则体系，该体系于 2006 年 2 月 15 日颁布，包括 1 项基本会计准则和 38 项具体会计准则，同年 10 月 30 日又

---

① 中国证券监督管理委员会是国务院直属正部级事业单位，依照法律、法规和国务院授权，统一监督管理全国证券期货市场，维护证券期货市场秩序，保障其合法运行的机构。

补充了 32 项具体准则的应用指南。我国的会计准则体系将会计改革推向国际化，不仅同国际惯例相互协调、相辅相成，还以更高的要求规范了会计确认、计量和报告的标准，充分体现了其高起点、全方位等优势，在会计计量、企业合并、衍生金融工具等方面实现了质的突破。

（二）现行会计准则体系的变革

1. 日趋完善的会计准则体系

近年来，我国的会计准则体系越来越完善，标志着我国会计改革国际化的事业取得了出色的成绩。会计准则体系中包括的基本会计准则是用来规范具体准则而制定的标准，具备一定法律效力。财务会计的概念框架和基本会计准则不同，它不属于准则体系的构成部分，而仅仅旨在提供某种理论支撑。

2. 理念指导建立会计准则

以"资产负债表观"为指导原则是现行准则体系的一大突出特点。它没有一如既往地过于重视"利润表观"的价值，而将可持续发展作为企业考核的重要着眼点，从以往以当前收益角度去判断企业的增值情况，转变为以净资产角度去界定各个企业的增值和辨析交易发生情况等。

3. 重视财务报告

《国际会计准则》改称为《国际财务报告准则》，同样也揭示了财务报告的重要程度。以我国现行的准则体系为例：现行的财务报告体系包括报表和附注，附注体现了报告的国际化、结构化、规范化特点，使用者不仅要依据报表信息来进行决策，还要将附注作为参照对象。由此可见，财务报告的地位显著提高。

4. 引入公允价值计量属性

历史成本是以较大的可靠性而闻名的，不过，和投资决策的相关性相比，历史成本比不上公允价值。公允价值在经济业务的决策上表现更佳，比如某些衍生金融工具业务。但是，公允价值长时间使用一定会带来比较大的风险和不确定性，所以，我国以本国国情为基础，采用以历史成本为主、公允价值为辅的模式，将公允价值引入现行会计准则体系，公允价值在有充分证据支持的背景之下，可以被谨慎地、广泛地使用于活跃市场。

第二节　财务会计概念框架

　　财务会计概念框架是规范会计理论中的最实用的部分，其研究起源于20世纪30年代的美国，早期主要涉及以财务会计基本概念、原则为主要内容的理论体系，直至1976年，财务会计准则委员会（FASB）[①] 在一份题为《概念框架项目的范围和含义》的征求意见稿里正式给出了"财务会计概念框架"的说法。目前，一些国家和主要国际组织均发布了各自的概念框架文件，取得了显著的成果，相关的研究也已经成为财务会计理论的核心内容。各国虽然对"财务会计概念框架"的命名不尽相同，但所传达出的理念都趋于一致：通过研究细化财务会计和会计准则制定中的相关概念，以期用更科学、更一致的概念指导会计实务与会计准则的制定，从而以更先进的会计准则质量评估标准，推动新会计准则的生成与更新。

　　关于财务会计框架的逻辑起点的研究曾经有两个方向。在20世纪50年代，美国会计界试图建立"假设—原则—准则"的准则逻辑体系，但是以失败告终。而后在20世纪60年代，美国主流的会计理论研究提出"会计是一个信息系统"，并以此为基础提出将会计目标作为财务会计概念框架的逻辑起点，以目标、信息质量、要素、要素的确认和计量为核心，这条路一直延续至今。

---

　　① 财务会计准则委员会（Financial Accounting Standards Board，FASB）是美国制定财务会计和报告准则的非营利性私营机构。

一、财务会计目标

在人们越发熟知"会计本质上是一个信息系统"观点的今天，会计目标日益成为财务会计概念框架的逻辑出发点。信息使用者身在不同的社会经济环境里，被不同的信息围绕，因而依存于使用者信息的会计目标也彼此有别。集结各国的财务会计目标，可以归纳出几个问题：会计信息的使用者是谁？何种信息是会计信息使用者需要的？财务会计可以提供哪种信息？会计信息需要依赖于哪一种框架？

（一）受托责任观和决策有用观

有两个代表性的观点可以诠释如上问题，分别为受托责任观、决策有用观。会计目标的演变过程，也恰恰隐含在这两种观点从交锋走向共通的进程中。

1. 受托责任观

受托责任观和决策有用观相比，前者出现得更早，在所有权与经营权分离的背景下就有了受托责任观的说法。受托责任观认为，在两权分立、委托代理关系稳定明晰的时期，企业管理者的受托责任就在于为企业资源的提供者不断地创造财富，因而提供经管责任完成情况的信息则成为会计目标的主要着眼点，会计目标将可靠性作为信息质量的核心追求，而可靠性必将要规范概念框架中的会计确认、计量以及会计要素的界定。对会计确认，不仅要秉持可靠性的原则，还要确认采用交易观，也就是说，只确认确定的、已发生交易的经济业务，而不确认尚未交易的、具有一定不确定性的业务。对会计计量，历史成本因其具有可靠性而成为首选，但是存在潜在风险或者有一定的不确定性的现行价值、未来价值，所以被限制使用。

2. 决策有用观

所有者和经营者之间的界限在日趋完善的资本市场变得越来越模糊。以往只需经营者提供经营业绩信息来反映它的受托责任，而如今，这样已经不能满足对会计信息的要求，当务之急是要更全面地反映未来企业的发展趋势，因而决策有用观出现了。

决策有用观重点强调面向未来。它的会计目标是侧重于向会计信息使用者（包括现有和潜在投资者、信贷者、企业管理者和政府）提供有关未来现金流量的金额、分布和不确定性的信息，以便信息使用者能够在未来随机应变，落实相应的决策。财务会计目标的研究者广泛认同：能够帮信息使用者评估未来现金流的流量、风险和不确定性的会计信息，会进一步提升资源配置的效率。而和侧重信息质量可靠性的受托责任观相比，决策有用观也强调可靠性，但更突出相关性。因此，决策有用观要求会计确认采用事项观，还要求会计对全部经济业务（包括尚未发生交易的资产价值变动）加以确认，会计计量则主要围绕公允价值。

决策有用观并不独立于受托责任观而存在，而是衍生于受托责任观并对其进行完善。满足决策有用观会计目标的信息需求可以完全涵盖满足受托责任会计目标的信息需求。此外，人们也渐渐将目光由关注企业利润转向关注未来现金流量能力。

（二）会计目标的定位

会计目标定位要思虑经济环境因素，我国现在实行的是市场调节和国家宏观调控两者相互结合的国民经济管理体制，它具有大众投资人比例较低、证券市场不太发达的特点，因此不能完全支持采用决策有用观，而应当要受托责任观和决策有用观相结合才更具可行性。

当前，我国的财务会计目标是通过向财务会计报告使用者（包括投资者、债权人、政府及其有关部门和社会公众等）提供全面可靠的会计信息，并尽可能地提高会计信息与企业财务状况、经营成果和现金流量的相关度来更好地反映企业管理层受托责任履行情况，指导财务会计报告使用者进行后续决策。

具体财务会计目标有如下三点。

1. 宏观经济调控

国家的财务信息需求。我国实行的是国家宏观调控兼有市场调节的国民经济管理体制，在市场经济机制不发达的条件下，国家的宏观调控在国民经济管理体制中仍居于主体地位。因此，无论是上市还是非上市企业都必须按照国家规定向相关政府监管部门提供自身所需要的会计信息，保证国有资产的保值增值，保证国家相关税费的稳定增长，以此维护社会主义市场经济秩序。

2. 完成受托责任

公司管理层的财务信息需求。当今所有权与经营权分离的时代，委托人与受托人之间的关系主要靠财务会计信息维系，许多有关委托代理的企业契约是依托财务会计信息签订的。如代理人的努力程度往往反映在盈利信息上，委托人便以盈利信息为依据制订奖惩计划；就代理人一方而言，财务信息可看作其完成责任受托的标志。

3. 推动资本市场资源配置

投资者和信贷者的财务信息需求。在资本市场中，资源稀缺情况是不可避免的。在这个条件下，如何有效地配置稀缺资源是亟待解决的问题。能够如实反映交易情况与客观、可信赖的财务信息，能够极大帮助资本市场参与者识别使用者是否能有效使用资源，进而对投资机会与报酬进行评估，稳定资本市场的运转。

二、财务会计的基本假设

（一）会计主体假设

会计主体，也叫经济主体，一个企业独立于其他企业或其业主，属于一个会计主体。一个企业或几个企业（如编制合并报表的母子公司），甚至企业内部的各个环节（如各个部门）等均可以称为会计主体。会计工作的具体范围由会计主体进行假设限定。会计计量和报告不属于业主的财务活动，而仅仅是针对于特定主体经营的财务活动。

会计主体、法律主体、报告主体三者需要区分。无论法律主体是否成立，会计主体都不受影响，可以是任何有会计为之服务的特定单位。法律主体则比较有限，如一些国家不允许合伙企业、独资企业以法律主体身份承担责任、行使权利，仅承认股份公司的法律主体地位。报告主体同会计主体之间有相交的部分：期末编制财务报告的报告主体与日常进行会计处理的会计主体，都可以称为会计主体。另外，当一个公司作为合并会计报表的报告主体时，便不能再称之为会计主体。公司的若干分部（地区分部或业务分部）在进行单独核算和报告时则作为某一独立报告主体出现，甚至可以集会计主体于一身，当然所反映的内容将远小于企业的内容。

（二）持续经营假设

持续经营假设，又称为连续性假设。它指的是管理层还没有走到清算该企业或者终止经营的地步，尚未改变会计主体目标，按当前状况继续经营下去的假设。在持续经营假设中，财务会计会在极不稳定的环境中进行一贯的流程：确认、计量、记录和报告。然而，管理层本身应该相当敏锐地意识到有关事项存在的潜在隐患与不确定因素，当人们对该企业的可持续性提出质疑之前应率先揭露不确定的因素。此外，当有证据表明企业无法持续经营的时候，持续经营假设将由破产清算假设取代，相应地，财务会计在加工会计信息、处理数据、提供财务报表的程序与模式等方面也应采取截然不同的处理方式，如改变以非清算为基础的折旧会计。

（三）会计期间假设

出于提供及时财务信息的必要性，在经营假设基础上的会计主体，应定期提供任何能显示出企业经营成果和财务状况的财务报告。按照传统的商业习惯和所得税法的规定，定期往往指一年一次。实际上，一些企业的会计年度就是公历年度，而有一些企业会以自己的"自然"经营年度为准。近年来，上市公司需要提供以半年度、季度或者月份为分期基础的中期财务报告。

会计分期假设与持续经营假设两者缺一不可，互相支持。从时间的先后顺序来讲，持续经营假设的重要程度大于分期会计假设，只有前期坚持持续性的经营活动，才可以为未来的会计分期提供必要的物质基础。但是，在互联网时代下，新兴企业财务报告的实时传递已不再遥不可及，而如何在互联网飞速发展的态势下进一步科学化财务会计工作，依然是当今需要不断研究的课题。

（四）货币计量假设

将货币计量作为会计信息假设的重心，由于会计信息的单位是统一的，这样一来即便其他信息具有不同的内涵，也会因此形成统一的标准。然而需要注意的是货币并不是万能的，因为它也属于计量单位，在改变购买力的情况下，其也会出现稳定性差、准确性降低的情况。会计信息之所以在会计期间内能够具备比较标准，是因为币值稳定的存在形式是隐含的假设。

三、信息质量特征

各国的财务会计概念框架以及相关文件都提到：财务会计信息质量特征在整体概念框架中居于核心地位，链接着会计目标与财务报告。FASB 认为，界定会计信息质量特征将产生如下益处：将指导制订同财务报告目标更契合的会计准则；将指引会计信息提供者采用不同的方法来表述经济事项；将提高会计信息使用者对会计信息的效用及潜在缺陷的认识，指导其做出更明智的决策。

（一）用户需求观与投资者保护观概述

用户需求观和投资者保护观是两个有关财务会计信息质量的观点。上述观点在理解财务报告质量时具有不同的内容。用户需求观认为财务报告的质量影响着财务信息对使用人员的作用，该观点是将 FASB 的相关概念作为重点，FASB 构建了极具可靠性的财务会计信息质量体系，将决策有用性的地位进一步提高。投资者保护观在评判财务报告的质量时，将财务报告是否充分展示给投资者作为根本标准，该观点将透明、诚信、公允等品质作为财务报告质量的主要内涵，由此形成了关于会计信息质量的评价标准。

（二）会计信息质量特征

虽然各国及 IASB 在界定财务会计信息质量特征时表现出较高的相似性和重合度，但是究其根本还是在名称、层次结构、属性、背景等内容上呈现出差异。虽然多数国家在概念框架中都将相关性作为重点内容，但是其本质仍旧存在很大的差异。如英国侧重于其预测价值和验证价值，加拿大和美国则关注其及时性、预测价值、验证价值、反馈价值和及时性。国际会计准则理事会（IASC）和澳大利亚不仅重视其预测价值和验证价值，还格外关注财务信息的性质与重要性。

以下，我们将参照以 FASB 对会计信息质量各特征要素的界定，来深入诠释几种主要的会计信息质量特征，再引入我国和 IASB 在财务会计信息质量特征研究中的学术成果进行分析。

1. 相关性特征

使用者的决策和会计系统的信息呈现出较高的关联性，这便是其相关性。决策有用是会计目标的最终方向，由此可见决策的顺利实现离不开那些有助于形成决策差别的信息，这些信息在决策中占据着十分重要的地位，于是在对会计信息质量进行评价时往往会将相关性放在首要位置。预测价值、反馈价值以及及时性是会计信息相关性的核心。首先，预测价值是指投资者在对企业将来的经营成果、财务状况等进行预测时，会计信息在其中起到了关键的指导作用；其次，投资者可以依据会计信息调整认知，这便是其反馈价值；最后，及时性是指会计信息在收集、加工、处理及传递等过程中都具有很好的时效性。

2. 可靠性特征

可靠性特征侧重于会计信息的真实客观，在描述经济活动的过程和结果时，要做到按事实说话，公正、准确、如实描述反映对象。可靠性具体以可核性、真实性和中立性三个特征为核心。可核性指确保不同人员基于相同的信息与准则，能够在同一套会计信息系统中得到相一致的结果。真实性要求会计信息要如实地反映经济活动的过程和结果，以防虚假反映实际经济活动而出现失真的现象。中立性侧重处理会计信息的人员要秉持客观中立的态度，不偏不倚，从而避免任何的倾向性或对某一特定利益集团的迎合。

3. 可比性特征

一般情况下，无论是同一时期不同会计主体的会计信息，还是不同时期同一主体的会计信息，都是存在可比性的。上述特征对用户探索财务业绩的异同具有较好的影响，因为用户可以对处于不同时段或群体的交易进行对比。不同时期的同一主体的会计信息可比性侧重于强调前期和后期选择会计方法时的一致性，不同会计主体的可比性更侧重于其会计政策的基础相同，从而期待会计信息反映的内容具有较高的一致性，即狭义的可比性。

4. 可理解性特征

这一特征的对象是会计信息用户，信息使用者可以顺利接收信息，总体而言就是这些人能够合理解读并且愿意去研究各种经济活动以及商业活动。一般来说，与各类决策者相关、与特定决策者相关是可理解性的两种不同分类。

5. 透明度特征

在 20 世纪 90 年代，美国的上市公司普遍呈现出盈余管理的状况，这一情况也引起了美国证券交易委员会（SEC）的关注，因此上市公司信息质量成为人们关注的重点。1996 年，SEC 提出将"高质量"作为评价"核心准则"的要素之一。1997 年，莱维特（Levitt）在演讲中提出在高质量特征体系中引入透明度这一特征。

目前，关于如何定义"透明度"，人们暂时还未能达成统一。对于会计而言，会计信息质量标准要求透明度，会计信息披露同样需要透明度。在会计信息质量层面，不仅只有会计信息质量对会计透明度具有较高的要求，其制定执行会计准则、信息披露监管等同样体现了会计透明度。

（三）会计信息质量特征

在 2006 年 2 月 15 日前，我国并没有专门提出会计信息质量特征体系，但是在相关会计法律法规中都以一般原则的形式提及会计信息质量特征。

例如1985年出台（又于1993年和1999年修订）的《中华人民共和国会计法》中提到了"保证会计资料合法、真实、准确、完整"的法律要求；1992年颁布的《企业会计准则》里提到会计核算要遵循的有关原则，其中涉及真实性、相关性、可比性、一致性、及时性、可理解性、谨慎性、全面性、重要性九个会计信息质量特征；2001年颁布并执行的《企业会计制度》中也涉及会计核算需要遵循的有关原则，包括真实性、实质重于形式、相关性、一致性、及时性、明晰性、可理解性、谨慎性、重要性九个会计信息质量特征。

目前，世界各国都高度重视会计信息质量特征体系的建立，我国也顺应这一大趋势，在《企业会计准则——基本准则》中第一次明确出现了"会计信息质量要求"的形式，包括对会计信息质量在真实性（含可靠性）、相关性、明晰性、可比性（含一致性）、实质重于形式、重要性、谨慎性和及时性方面的要求。我国尚未制订出财务会计概念框架，因此上述的质量特征缺乏充分的理论支撑。质量特征体系所涵盖的约束条件、总体质量特征、限制性标准、关键质量特征、次级（及次要）质量特征等内容还需要经过进一步研讨。

（四）IASB财务会计概念与会计信息质量特征

IABS在阐述会计信息质量特征时体现了不同的视角和方向，具体表现为对财务报表质量特征的重点关注。会计信息的基础通常由一些具有相同层次的质量特征构成，即可比性、可靠性、相关性以及可理解性。首先，IASB对可比性这一特征尤为重视，它与单一的概念模板不同，在计量、列报一些交易或事项时往往需要运用同种方式，除此之外，在编报财务报表时，可比性还要求使用者拥有对会计政策的知情权，即知晓会计政策改变情况及产生的后续影响。其次，可靠性的构成内涵主要是中立性、忠实反映、完整性以及审慎性等。最后，相关性的构成内涵为预测价值、验证价值、财务信息的重要性等。

四、财务会计要素

财务会计作为一个信息生产系统，必然存在相应的会计对象，但是由于会计对象是一个抽象的概念，因此从会计对象到具体的会计信息必须经过一个从抽象到具体的处理步骤。这一具体化的步骤首先要将财务会计对象进行初次分类以形成会计要素，会计要素是会计核算对象的具体化形式，通俗意义上的要素就是财务报表的基本组成部分。各国对于会计要素的定义与划分均有相异之处。美国的财务会计准则委员会定义了十个会计要素，分别是资产、负债、权益、业主投资、派给业主款、收入、费用、利得、损失和全面收益。国际会计准则理事会定义了五个基本会计要素，即资产、负债、权益、收益和费用，其中收益包括收入和利得，费用包括损失。我国则借鉴了国际惯例，在财政部 2006 年修订后颁布的《企业会计准则——基本准则》中明确定义了六个会计要素，分别是资产、负债、所有者权益、收入、费用和利润。我国较之国际惯例的规定多了一个利润的要素，尽管利润是收益和费用的综合结果，并不是一个独立的要素，但由于长期以来它在我国一直作为考核的重要指标，在企业管理中具有重要作用，因此我国仍将其设计成一个单独的会计要素。

（一）资产

企业以往的交易是产生企业资产的前提和基础，资产作为一种资源，其控制者或拥有者是企业自身，且企业会预计收获到相应的经济利益。首先，购买、建造、生产以及其他交易事项都是资产形成的必然前提；其次，只有被企业控制或拥有的某一项资源才可以被称为资产，即使所有权还未属于企业，但是企业必定对该资源具有控制力；最后，现金或现金等价物流入企业的潜力同样是资产必须满足的一个条件，这一过程既可以是直接的，也可以是间接的。除此之外，资产还必须同时满足以下两个条件：第一，计量资源价值时具有可靠性；第二，与资源相关的效益往往会流入企业。

（二）负债

企业以往的交易产生的预期会造成企业利益流失的现时义务，现时义务是企业当前承担的义务，与未来可能会出现的事项、交易等无关。负债的认定既要满足上述要求，同时还需要具备以下条件：第一，计量企业流出经济利益时具有可靠性；第二，这些经济利益在与义务具有相关性的同时，还具有流出企业的较大可能性。

（三）所有者权益

对于公司而言，所有者权益与股东权益所涵盖的内容是一致的，即当企业资产除去负债后的剩余权益，这部分效益是属于所有者的。所有者权益是由留存收益、直接计入的利得与损失以及投入资本等构成的。

（四）收入

企业的经济活动是收入产生的主要途径，收入与成本没有关系。收入应当同时符合以下条件：第一，计量经济利益流入金额时具有可靠性；第二，企业的资产或负债会因为企业流入经济利益而出现积极改变，例如负债缩减。

（五）费用

在企业日常经济活动中，费用是导致所有者权益减少的利益总流出，而与所有者分配的利润是没有关联的。费用需要符合的前提条件如下：第一，通常情况下经济利益会出现流出的情况，且会因此出现资产减少、负债增多的结果；第二，计量经济流出金额时具备可靠性。

（六）利润

在一定会计时期内，企业经营成果便是利润，同时也是收入减去费用后所留有的净额，需要被直接计入当期利润的利得与损失。

五、会计要素的确认

当某一经济业务处于正在进行的状态时，会计要素在报表中将其按项目完成计入，这便是会计确认，在反映交易或事项时往往会通过两种表现形式，即文字形式与数字形式。会计确认处于财务会计理论结构的核心位置，经济业务计入财务报表时需要符合的要求便是其做出的规定，例如要素形态、时间等，信息使用者在此基础上便可以更顺利地获取会计信息。

初始确认与后续确认是会计确认的重要步骤，前者更加偏向于记录会计事项，其主要涉及费用、资产、收入以及负债等多项内容；后者是以前者为基础，需要筛选并汇总前者记录的数据，并将其结果在财务报表上进行呈现和展示。可靠性、相关性、可计量性以及可定义性是确认项目时必须重点关注的特征。

针对会计要素确认这一工作，我国会计准则提出了相应的要求，即要想在利润表或资产负债表中计入会计要素，就必须确保其满足以下前提条件：一是要与定义相符，二是符合确认条件。进入财务报表是进行会计要素的确认的根本目标，由此可见，如果项目没有被正式列入财务报表，那么只需在附注中进行标注即可，而不要求其必须进行确认。

在权责发生制条件下，费用的确认是根据相关联的收入来进行的，在忽略现金支付所需花费时间的前提下，确认时还可以依据确认的时间，而收入的确认则是以提供的劳务或是销售的货物为依据。收付实现制是指在支出现金时确认费用，在收到现金时确认收入。无论是权责发生制还是收付实现制，都是会计确认的基础，二者的概念相照应，目前，权责发生制的应用更为广泛。

六、会计要素的计量

财务会计通常被认为是一个对会计要素进行确认、计量和报告的过程，计量在其中是一个连接确认和报告的核心环节。具体地说，会计计量是指确定将在财务报表中确认和列报的财务报表要素的货币金额的过程。随着社会经济环境的快速发展以及会计技术的提高，传统的历史成本计量模式面临着前所未有的挑战，要使得企业的财务报告能够真正公允地反映其财务状况、经营成果，并且能够充分披露与信息使用者决策相关的信息，有必要引入其他计量基础，比如公允价值等。目前，无论是 FASB 还是 IASB，或是其他国家会计准则委员会，都在致力于解决财务会计中的计量问题。

（一）计量理论的类别

计量理论包含两大理论学派，分别为真实收益学派和决策有用学派。

真实收益学派规定计量结果要如实反映企业收益，而决策有用学派侧重于计量结果要最大限度地满足决策的需要。相较于真实收益学派，决策有用学派的广泛应用已是大势所趋。

（二）计量属性

由于会计信息的不同，其对计量模式的需求也存在差异，由此产生了各种计量模式，但是其核心要素却是一致的，即计量尺度、计量属性以及计量对象。随着社会的不断发展和进步，学者对于计量属性的关注逐渐增加，被计量客体的外部表现形式便是其根本内涵，当立足于会计要素时就是一种可以通过货币实现量化表述的模式。公允价值、现值、可变现净值、重置成本、历史成本便是我国根据国际惯例确定的五个计量属性。

1. 公允价值

根据公允价值属性的要求，资产与负债之间的交易应当具有一定的公平性，双方进行清偿债务时的金额计量应当符合两个前提条件：一是双方自愿，二是双方了解自身情况。

2. 现值

资产计量与负债计量在现值计量中有以下依据：前者的依据是在使用与最终处置时形成的预计的净现金流入量折现金额；后者则是按照预计时间里需偿还的净现金流入量折现金额。

3. 可变现净值

资产价值在该属性下相当于通过销售获取的现金金额减去拟花费成本、相关税费、预期销售费用后所余下的金额。

4. 重置成本

资产在该属性下是通过现在购买相似或相同资产所使用的现金金额进行计量的，而负债的价值依据便是当前支付负债所需的现金金额。

5. 历史成本

历史成本计量属性要求资产及负债的计量通过以下过程完成：一是，计量资产时的依据是购置时支付的金额；二是，计量负债的依据是因承担义务而收到的实际资产的金额。除此之外，还可以依据为偿还负债所预计的现金金额，或者是当前承担义务的合同金额。

（三）计量属性的应用

在会计实务中，计量属性的应用存在诸多不同之处。在事项的初始确认阶段往往会采用历史成本计量属性。如果某一主体在后期仍然对某一要素持有且未对其处置，那么该要素即使面临着市场价格波动的状况也无须再次估价。要素也会面临终止确认的情况，一旦这种情况出现就意味着该要素不仅没有了使用价值，同时也不能够再继续创造未来经济利益了。历史成本允许后续计量的缺失，为会计信息加工提供了许多优势，其中最主要的一点便是信息加工成本的减少。

其他计量属性都可以在事项发生时应用于某一要素的初始计量，同样的，一旦出现要素丧失经济利益的情况，就需要适时终止确认。需要特别注意的是，在应用这些计量属性后需要进行后续的确认与计量，这一特点是其与历史计量属性存在差异的重要部分，同时也要求每年重新评估公允价值与现行成本。

对于对外会计而言，其最终目标是通过完成财务报告的编制促进外部使用者快速、高效地获取会计信息。FASB 概念框架中指出，编制财务报告除了财务报表这一关键性内容之外，还包含其他的信息，同时其内容与会计系统中的信息之间存在着直接或间接的关联关系。投资者能够通过财务报告或财务报表获取特定主体的信息，例如现金流量、经营成果、财务情况等，从而更好地完成各项重要决策。

财务报表由表内和表外附注两个板块构成，均需遵循公认会计原则（GAAP），并应经过注册会计师①审计。表内，是财务报表的主体，通常采用以数字和文字相结合的方式，按照确认的基本规则，为初始确认阶段形成的日常会议记录加以后续确认，实际上进行的是"后续确认"的过程。有别于表内，附注作为另一构成部分，它可以只以文字说明的形式对表内进行解释或补充说明。当然，附注的解释应在不更正表内确认内容的基础上开展，附注中的表述称为"披露"。附注中通常会披露两种信息：

①法定要求披露的信息；

②企业管理当局自愿披露的信息。

法定要求披露的信息主要来源于会计准则和证监会颁布的披露准则。会计准则一方面要规范确认和计量，另一方面要标注出应当披露的事项（主要在附注中）；证监会颁布的披露准则主要适用于上市公司。

财务报表具有局限性，因此其他财务报告也是信息披露的重要途径。FASB 在第 1 号概念公告中表明："某些有用的信息用财务报表传递较好，而某些信息则通过其他财务报告的形式来传递更好。"在其他财务报告中，披露信息尽管同样需要请注册会计师或者相关专家进行审阅，但可以不经过注册会计师审计，在一定程度上消除了 GAAP 的局限性。

财务报告在发展过程中出现了相应的变化，如财务报告的主体缩小，但报表外的附注却有所增加。总的来说，财务报告的篇幅越来越长。此外，不断扩容的财务报告依旧难以精准可靠地反映企业的经营隐患和风

---

① 注册会计师是指通过注册会计师执业资格考试并取得注册会计师证书，在会计师事务所执业的人员。

险，资本市场仍在极力呼吁信息透明度的提升。

我国参照国际惯例，在 2006 年 2 月发布了《企业会计准则第 30 号——财务报表列报》，要求财务报表至少应包括五个部分：资产负债表、利润表、现金流量表、所有者权益（或股东权益）变动表以及附注。其中，附注不能替代应有的确认和计量。

第三节　财务会计准则和制度

一、会计准则

（一）会计准则的演变

会计准则与资本市场息息相关，这已经被各国会计准则的发展事实反复验证。我国上海和深圳两个证券交易所在建成之前，股票往往局限于柜台交易，当时卖方市场是主导的一方，用会计信息指导决策的需求并不突出，对会计准则的需求也不甚明显。

实行社会主义市场经济体制改革是我国 20 世纪 90 年代的一项重大举措，在此基础上，企业成为独立存在的市场经济主体，外部投资者可以通过企业的会计信息来获取并了解该企业的经营成效以及财务情况等信息，并且之后还出现了《企业会计准则——基本准则》。对于会计实务而言，其具有很强的指导性，同时也注重对人们思想方面的解放，因此会计实务才得以保持足够的自主性。

由于受到较强的限制作用，财政部于 1993 年着手推进具体会计准则的制定工作，并且多次发布具体准则的征求意见稿，然而实际情况与预想的存在较大差异。在缺少相关部门支持的情况下，此项工作未能取得成功，所需的会计准则尚未制定完成。

在经济全球化的影响下，会计准则国际化逐渐成为我国追求的根本目标。自 2006 年 2 月起，我国陆续颁布了以基本国情及国际惯例为基础的新会计准则体系，其中既有基本准则和具体准则，还包含了若干应用指南。

综上可知，基本准则、具体准则以及应用指南是企业会计准则的核心内容，相辅相成。首先，基本准则在整个准则中占据着主体地位；其次，在基本准则的引导下，具体准则需要对业务进行规定；最后，应用指南在其中体现了"补充"的作用，即补充说明相关操作内容。2007 年 1 月 1 日起，《企业会计准则》已正式实施于上市公司中，同时国家也鼓励其他企业将其应用于生产经营中。《企业会计准则》成功取代了过去传统的会计准则和制度。

（二）会计准则特征概述

企业会计准则体系让财务报表的编制更客观地解释了企业的内在价值。它实现了国际惯例的趋同，强化了以明智的决策指导投资者和社会公众的新理念，又让一个趋于完整、系统化的有机统一体系首次登上历史舞台，从长远来看，它是我国企业会计准则建设的新里程碑，为指导自身会计改革实践和改进国际财务报告准则提供了借鉴。如 IASB 主席戴维·泰迪（David Tweedie）所言："中国企业会计准则体系的发布实施，使中国企业会计准则与国际财务报告准则之间实现了实质性趋同，是促进中国经济发展和提升中国在国际资本市场中地位的非常重要的一步。"

我国会计准则体系还有如下的显著特征。

一是强制性的行政命令生成了准则的约束力。通常来说，会计准则制定权力归属方有两类：政府和民间。由政府财政部门制定准则的我国，政府的行政命令就是其约束力的全部，因而执行时，其约束力会显现出无条件的特点。

二是对企业经济业务的实际状况进行如实表现。会计核算必须反映经济业务的实际情况是会计准则的根本要求，然而随着现今社会中经济业务、事项等愈加复杂，会计人员往往会产生迷茫的情绪。会计人员在接收到由会计准则提供的相关技术以及标准等信息后，反映客观经济现实的会计信息也会更加的公允、真实，有助于对经济业务实质的体现，充分展现出我国十分重视会计信息的可靠性、相关性。

三是会计准则依赖独立审计与市场监管的配合。各国不同的会计准则制定内容事实上蕴含着趋于一致的目的，即致力于规范资本市场内的会计实务。就上市公司而言，会计准则的规范作用至关重要，而会计准则执行的效果离不开市场监管与独立审计的相互配合，高效的独立审计和市场监管能提高对公司不遵守会计准则的违约惩处力度，进而更严格地规范上市公司。维护市场秩序、保证市场规则的公平都离不开会计准则、独立审计和市场监管三者协同配合，有机统一。

（三）国际会计准则

随着社会的不断发展和进步，在会计理论与实务领域，有关全球会计准则的供需问题已经成为研究的重要内容，同时会计国际化问题是我国成为 WTO[①] 的成员后积极参与解决的一项问题。

1973 年，国际会计标准委员会（IASC）正式成立，该组织的目的在于制定各国各地区遵守的国际会计准则，其属于民间团体，是来自各国的会计人员的聚集地。在国际会计准则的初始制定阶段，IASC 将各国的基本惯例和准则作为参考依据，而产生这种现象的主要原因便是该组织政治背景不够牢靠。

1988 年，IASC 共制定了 26 项国际会计准则，这些准则固然有其难以克服的弊病，如：企业可选择范围过大、准则实际上是各国会计实务的粗略汇总、依据准则编制的国际财务报表严重缺乏可比性。在经济全球化的今天，这些不完善的准则可能很快就被时代淘汰。为了改良会计准则，IASC 于 1989 年 1 月发布了《财务报表可比性》的征求意见稿（E32）。随后的几年内，IASC 为提高财务报表的可比性，通过修缮原有的会计准则，大量减少会计备选方法，并对基准处理法和备选处理法做出区分。

由于 IASC 在修缮准则的进程中充分尊重了证券委员会国际组织

---

① 世界贸易组织（World Trade Organization），简称世贸组织（WTO），是一个独立于联合国的永久性国际组织，世贸组织总部位于瑞士日内瓦。

（IOSCO）的意见，因而得到了 IOSCO 的重视。IASC 从 1995 年起开始着手制定一套足以流通在全球资本市场上的"核心准则"。而 IOSCO 在 2000 年 5 月宣布完成对 IASC 的 30 项"核心准则"的评审工作，并加以大力推介，致使受到鼓舞的 IASC 将"协调与改进各国会计准则"的目标替换为"制定全球会计准则"。

国际会计准则理事会（IASB）是 IASC 在 2001 年 4 月改组后的产物。IASB 以《国际财务报告准则》作为新颁布准则的名称，并将解释公告相应地变更为国际财务报告。IASC 时期颁布的国际会计准则和解释公告的权限，IASB 可以选择继续使用，亦可修改或撤销。

随着时间的推移，IASC 发展成了 IASB，这是一个十分重要且有意义的发展历程。在大多数层面，IASB 都与 IASC 存在差异，例如前者重视制定高质量的全球会计准则，而后者则更关注准则是否具备协调性。IASB 的工作重点是各国会计准则与国际会计准则之间联系的趋同性。

关联国际惯例是我国开展会计改革时一直遵循的原则和方式，这一特征在 1985 年颁布的《中外合资经营企业会计制度》中就有充分体现，随后在 1992 年，我国先后颁布了《企业会计准则》、行业会计制度、《股份制试点企业会计制度》等。在之后的几年里，在完成与国际会计准则减少差异这一关键步骤后，我国还颁布了 16 项具体会计准则以及《企业会计制度》。虽然我国在参考国际会计准则时获取了很多经验和成果，但是由于我国国情不同，因此不能一味借鉴和引用国际会计准则，而应该结合我国实际情况进行探索和研究。例如在 2006 年颁布的新会计准则中，虽然公允价值的使用不再受到各种限制，但是历史成本计量仍旧占据着主体地位。

我国会计准则和国际会计准则的会计信息不具备可比性，会计实务同样不可以直接受到国际会计准则的指导。会计准则需要好的生存环境，例如完备的法律机制、良好的市场结构、完善的公司治理结构等，这些同样也是推进我国会计事业国际化的稳固基石。

二、会计制度

在我国，企业经济业务及财务管理工作因为受到财务信息扩容的影响而面临着很大的困难和压力。在这样的社会环境中，需要从两个方面做好各项工作：一是企业方面要不断提升企业自觉性，加强对自身的发展目标的认识和了解；二是国家方面要制定相关制度和政策，为企业的发展保驾护航。《政府会计制度》的颁布是结合国内外财会工作经验的一场试验，其致力于打造更透明、公开的财会信息，是符合社会主义市场经济体制的新探索。

落实新会计制度不能简单因为其取得的成绩就忽视各种问题的出现，在实践过程中往往会暴露出一些潜在的问题，这也意味着财会工作并不是一帆风顺的，常常会面临着各种困难与挑战。企业需具有作为经济发展主体的自觉性，有计划性地预计制度在推行过程中可能造成的实际影响，在实践中迎接挑战，也警惕可能出现的消极影响。这样才能确保企业财会工作有序、高效开展，让企业在激烈的市场竞争中立于不败之地，也有利于现代化财务管理模式和内部治理模式的构建。

（一）新会计制度概述

政府财政与企业财会工作均在新会计制度的辐射范围之内，企业居于经济发展的主体地位而政府发挥着主导作用，企业开展的有关财务运行的各项工作都应以财政部新颁布的制度为纲。

1. 概念解读

作为我国财政部实现企业财会工作标准化的财政制度，新会计制度的颁布主要体现了以下优势：第一，规范财会工作行为；第二，促进国家财务信息统一；第三，限制企业不当的工作行为。随着经济社会的不断发展，各企业逐渐认识到新会计制度的优势，并将其作为财会工作及财政管理的核心要素，致力于将新会计制度真正落实到实处。

以下三个有关纳税调整的事项便是与新会计制度相关的资产要素：首

先是由固定资产折旧产生的纳税调整，其次是由投资业务产生的纳税调整，最后是由资产减值产生的纳税调整。企业的年度总结应当定期开展，同时要确保一年至少完成一次年度总结，企业资产情况应作为关注的重点，必要时还要评估资产损失。

值得注意的是，中国国情是新会计制度产生的基础，企业在满足相关条件的情况下，应当将政策作为工作方向，引导财会工作向新会计制度靠拢，不断发展提高工作质量，同时促进企业管理模式的创新和改革。

2. 特点解读

严谨性、现代代、可持续性可以概括为新会计制度的三个主要特点，企业在财会工作中应当不断追求上述特点的体现，从而促进自身的完善和发展。

首先，为了尊重新会计制度严谨性的特征，企业应充分结合自身发展特点和经济发展态势来全面分析，开展相关的财会工作。一个蕴含企业发展特色的工作方案，不仅迎合对于严谨性的要求，还能普遍清除各项企业管理中的干扰要素，从而能高效有序地推进财会工作。

其次，新会计制度的一个主要目标便是现代化，企业管理模式的现代化构建便是其发展方向，国家经济形势、政策、营商环境等是制定新会计制度时必须深刻了解的现实因素。对于国家的制度而言，新会计制度是对原本制度的更新与完善；对于企业而言，无论是对财会工作的创新还是调整都因此产生了新的机遇，其中新技术的引入更是有助于财会工作的水平和效率的大幅度提高。企业在实现治理模式现代化、构建新发展格局的过程中，新会计制度发挥着关键的作用。

最后，可持续性也是新会计制度的一个重要特征。营商环境及经济环境是使会计制度发生改变的原因，因此为了不被时代所淘汰，财政部承担着为其注入新能量的职责，从而确保其能够跟上经济增长的脚步。

（二）新会计制度与企业财会工作研究

伴随着经济形势的不断变化，在当今的社会环境中，新会计制度一直追求的是对企业财会工作的有效优化，还要将财务管理水平提高至预计的高度。因此，新会计制度为企业财会工作带来的影响利大于弊。然而任何制度由旧向新的过渡都需要一定时间，新旧制度之间差异性和新制度落实所面临的陌生的环境，都会为新开展的财会工作带来一定困阻。

1. 积极影响

总体而言，经济新形势背景下的新会计制度为财会工作带来的积极影响更为显著，企业财会工作、业务运行和经济发展均出现实质性的进展。积极影响主要在信息公开透明、工作严谨、核算标准化三个层面上尤为突出。

首先，新会计制度让信息公开度、透明度得以提升，有助于清晰地体察企业的实际发展状况。企业在实现自身发展的过程中，各类资产便是其依据的基础要素，例如固定资产、有形资产以及无形资产等，这也是对企业在某个时间段里经济价值的体现。在当前的经济形势下，企业可以通过经济协作、交往沟通等形式获取经济效益。事实上，有个别企业的财务情况不利于交易对方做出正确的价值判断，这样一来便有可能会因此出现不良经济行为。企业经济信息的公开度、透明度随着新会计制度的实施而不断提升，企业在此基础上可以使自身实际资产与市场价值量相一致，其同时也是交易双方准确判断价值、经济交易顺利完成的保障。在新会计制度的影响下，企业受到了更严格的制约，一方面需要定期清查资产、核算价值量，另一方面还需要监督谎报、隐瞒信息等不良行为，使企业资产市场的面貌真实地展现出来，从而确保交易的公平性。

其次，企业财会工作因为受到了新会计制度的影响而更加注重严谨性。基本国情是我国财政部首要考虑的要素，财政部将国际标准与我国标准对比研究，发现二者的相同之处，新会计制度应运而生，成为推动工作顺利完成的一股坚韧的力量。新会计制度具有一个明显的特点，即严谨性，财会工作受其影响而具有严谨性。企业在财会标准的作用下，能够真正实现对收入与支出的同步管理，将企业资金的利用率有效提高。对于一个企业来说，管理的严谨性是其提高市场竞争力的基石，企业能够在管理体系、组织架构等方面加以改进。财会人员在工作中同样要培养严谨的工作态度，对企业的制度、经济信息等进行提前分析研究，从而使管理方案符合企业实际需求，并具有较强的针对性。工作人员需要对工作情况进行验收，及时发现方案执行过程中的不足之处并积极改进和完善。综上可知，严谨在很大程度上可以帮助企业化解经济风险、弥补自身的不足，并且会使企业财会工作具有更高的效率和质量，从而推进企业财会工作朝着标准化、集约化的方向稳步迈进。

最后，新会计制度实现了成本核算标准化。新会计制度中围绕着纳税调整的三个资产要素，规范着企业的纳税工作。具体来说，新会计制度帮助企业更清晰地了解了自身的纳税类型与数量，也推动了企业未来对税务合规筹划。对于企业财会工作的开展来说，新的纳税政策将提示企业重视成本核算、资产清查等工作，自觉规范企业纳税行为，有助于减少偷税漏税行为的发生。此外，新的纳税政策从缩减企业开销、成本支出的考虑出发，主动为企业提供合法降税的途径，以便企业能更好地巩固发展成果。

2. 消极影响

新会计制度在推动企事业单位财会工作内容更新、工作方法创新的层面上功不可没。在新形势、新时代的经济条件下，传统的财会工作模式已不再满足新的发展需求。而企业财会工作由传统工作模式向新工作模式过渡的过程中，难免要面临着一定的困阻和挑战，如下是企业财会工作面临的潜在问题。

第一，制度不够完备。在当今社会中，计提制度成为应用最为广泛的一项制度，随着经济体制改革的持续深化，计提制度在财会工作中发挥重要作用的同时，也逐渐暴露出问题，计提制度仍需完善和健全。如果计提制度得不到健全，就会使财会人员在实际工作中的精确度降低，严重的甚至会影响企业的健康发展。

第二，衔接性不足。新会计制度与旧会计制度之间存在着紧密的关系，为符合时代需求，需要将旧会计制度中的不合理内容删除。事实上，企业财会工作受到旧会计制度的影响很大，因此在实施新会计制度时往往会出现一些特殊问题。如果新、旧财会工作模式在衔接方面产生问题，那么便很有可能会对企业开展财会工作产生非常消极的影响，甚至导致企业经济效益的大幅度降低。通常情况下，效益降低会发生在经济水平一般且处于推进新会计制度的初始阶段的企业中，企业陷入资金链断裂的困局，无疑会严重影响其持续性发展。

第三，管理水平较低。在新会计制度的落实中，财会人员如果对制度相关的认知过度匮乏，则会阻碍工作的顺利进行。由于新会计制度问世时间较短，工作人员缺乏相关知识储备的情况时有发生，因此，实际的财会工作行进不顺利，工作需求与个人能力不匹配。

（三）新会计制度对企业财会工作的具体优化

企业必须积极推动新会计制度指导下的工作交替，并确保新会计制度的全面落实，只有以新会计制度为导向开展工作，才能在激烈的市场竞争中立于不败之地。财会人员应在全局性把握新会计制度的积极影响和潜在消极影响的前提下，有针对性地优化改进财会工作。

1. 完善工作制度

新会计制度是企业进行财会工作时的方针，因此具有旺盛的生命力。财会人员承担着完善、健全、创新工作制度的职责，其中比较具有代表性的便是计提制度。工作人员还需要将企业的实际情况作为工作的基础。

企业在进行财务管理时，可以考虑将权责发生制引入工作，这样可以不用顾虑是否存在支出情况，只需要在阶段性报表中记录发生在核算时间内的所有资金行为。在权责发生制的基础上，财会人员需要做好以下工作：一是对计提制度进行完善，二是对计提标准进行规范化管理，三是通过对资产真实情况的评估来有效降低计提信息风险。除此之外，财会人员还需引进"双核算"业务流程，该流程包括两大板块，即录入实际财务凭证、记录会计核算结果，从而清晰体现出企业资产的使用情况。财会人员还应不断吸取经验教训，发挥优势，规避劣势，让记账模式进一步契合企业发展的需要，进而为企业包括计提工作在内的财会工作带来制度保障。

2. 对会计科目进一步细化

会计人员在面对新会计制度与其他工作之间出现的衔接性差的情况

时，需要从以下方面做好相关工作，从而推动新工作顺利完成。首先需要对财务报表进行分类、梳理以及细化处理；其次需要针对新会计制度下有关财务报表和会计科目的解读空间进行细致标注。完成细化财务报表和会计科目等相关工作，有助于合理规避各种弊端，财务工作将会更加规范化、精细化，工作质量也会因此得到大幅度提升。企业应用借贷记账制度时，倘若财会人员能够精准录入每一笔账目交易、每笔资金的收支情况，每个阶段内的财务状况就都能一目了然。

对企业而言，高精尖、专业化的财会人员不可或缺，企业应通过制度宣传引进人才，并对其加以培训以便其深入理解并掌握新会计制度，进而将理论知识转化为实际运用能力。人才的引进能够推进新会计制度在企业财会工作中有序落实，对于提升企业资金利用率、管理效率等大有益处；而收支情况的精细呈现，更有助于企业财会管理与企业整体运营效果。从长远来看，这无形中提升了企业的综合实力和竞争力，为后续的可持续性高质量发展奠定了坚实的基础。

第二章

财务会计对象的管理

第一节　资产的管理

一、货币资金管理

（一）货币资金概述

货币资金以一种货币形态在企业经营过程中发挥作用，作为企业资产的一部分，它的地位十分重要，也是企业资产中流动性较强的一种资产。任何企业要进行生产经营活动都必须拥有货币资金，持有货币资金是进行生产经营活动的基本条件。货币资金作为支付手段，可用于支付各项费用、清偿各种债务及购买其他资产，因而具有普遍的可接受性。

货币资金的分类标准可以是其存放地点及用途，因此有三类不同的货币资金，即库存现金、银行存款以及其他货币资金。货币资金自身所具有的超强流动性意味着虽然其核算难度并不大，但仍然需要增加对管理、控制的重视。

（二）货币资金控制

货币资金相较于其他企业资产，其流动性更强。因此，为了有效保证企业资产的安全性、提高货币资金周转效率，以及提升使用效益，对货币资金进行严格的管理和控制，成为企业要注重的地方。加强对货币资金的控制，应当结合企业生产经营特点，制定相应的控制制度并监督实施。通常情况下，货币资金的管理和控制应当遵循如下原则。

1. 严格分工

应该将货币资金的整个管理流程分成若干不同的部分，每一部分都将由指定的不同人员来管理负责，同时针对各部分人员，应制定一套内部牵涉制度，从而降低甚至杜绝人员在货币资金方面徇私舞弊的可能性，形成互相监督的氛围，保证货币资金的安全。

2. 交易分开

应该把现金的支出和收入业务划分为两个不相干的部分，彼此之间不能有牵扯，尽力杜绝将现金收入直接用于现金支出的坐支行为①。

3. 内部稽核

成立内部稽核部门，设置相关人员和科学完善的稽核制度，从而保证对货币资金的安全高效的管理，同时及时发现管理过程中的各类问题，并给予妥善处理解决。

4. 定期轮岗

参与货币资金管理业务的人员应定期进行岗位的轮换，这不仅有利于防止徇私舞弊行为的发生，还有利于及时发现并处理有关人员的舞弊行为。

（三）现金管理

从广义上来说，现金指的是存在于生产经营过程中的、以货币形态存在的资金，库存现金、银行存款以及其他货币资金都属于现金；从狭义上来说，现金则仅仅指的是库存现金。

保持合理的现金水平是企业现金管理的重要内容。现金在企业资产中拥有极强的变现能力，能够满足企业生产经营的各项需求开支，同时也能够进行还本付息和缴纳各项税款，因此其象征着企业直接的支付实力和应变能力。企业如果拥有相当数额的现金，将有利于降低企业可能面临的风险、增强企业资产的流动性以及债务的可清偿性。现金并不是持有得越多越好，因为其存在收益性低的特点，即使把现金存在银行里作为银行存款，能获得的利息相对来说也很少。所以，持有过量的现金，企业的流动性边际效益就会下降，那么企业的收益水平也会降低。现金除了用于日常业务活动，还会用于偿还企业贷款。因此，企业需要建立完善的现金管理制度，来保证企业持有合理数量的现金，从而达到现金流动性和收益性方

---

① 坐支行为是指企事业单位和机关团体将本单位的现金收入直接用于现金支出的行为。

面的平衡。企业必须编制现金预算，预测企业在某一段时间内所需要的现金支出数量和现金收入数量，从而使得企业能持有维持正常经营活动所需的现金，尽量减少企业现金数量，进而将更多闲置资金用于各类投资，以便获得更大的收益。

浮动期成本、第三方处理费用、收款系统管理费用以及其他相关费用等均属于收款成本，而收款成本则属于现金收款管理的范畴。项目的在途款是企业无法使用的一类资金，这种情况助推了机会成本的出现。对于收款方而言，付款人姓名、付款时间以及付款内容等均属于信息的质量，为确保收款方在约定时间内完成各项发货事宜并有效运用资金，收款方所接收到的信息必须要准确且及时。在支付开始后一直到企业收到资金这段时间便是收款浮动期，不同的纸基（或称纸质）支付工具会影响收款浮动期的时间长短，一般情况下，邮寄浮动期、处理浮动期以及结算浮动期是三种常见的纸基支付工具。首先，邮寄浮动期是指支票自付款人处寄出直至收款人收到的这段时间间隔；其次，处理浮动期是指接受支票后为收回现金而将支票存入银行所用的这段时间；最后，结算浮动期是指利用银行系统完成结算支票所用的具体时间。电子支付方式比纸基支付方式在效率和便捷度上有了很大的提升。

在确保合理、合法的前提下，最大限度地使现金支出的时间得以推迟便是现金支出管理的主要目标。在延缓现金支出的同时还必须保证企业信誉不受到不良影响。目前，常见的用于现金支出管理的方式可以概括为七种。第一种，现金浮游量的运用。这一概念代表着企业延长付款时间以及提高收款效率，会造成企业的账户现金余额与银行账户存款余额之间产生差额。第二种，将应付款的支付予以推迟。这一方式首先需要确保企业自身信誉不受负面影响，企业可以通过对收款方给予的信用优惠的合理利用，从而实现付款时间的推迟。第三种，使用汇票。汇票与支票二者之间存在着很大的差异，汇票不需要见票即付款，因为它有相应的兑换时间，从而帮助企业推迟支付支票的时间，如此一来，企业便不需要将大量现金存留在银行。商业承兑汇票和银行承兑汇票是两种汇票形式，汇票虽然能够为企业提供诸多便利，但是仍旧不是完美的，其不足之处可以概括为以下两个方面：一是将汇票用于支付尚未获得部分供应商的认可；二是银行需要投入更多的人力物力用于处理汇票业务，这也导致该项业务所需手续费高于支票业务。第四种，对员工工资的支付方式加以完善与改进。这是一种可以有效减少企业存放在工资账户中现金数量的方法，具体做法如下：首先企业需要建立一个用于支付工资的专用账户，之后便可以通过银行来完成工资的支付，同时这一过程还可以预估支票开出后到员工完成支票兑换所需的时间。第五种，透支。当企业所开支票的金额大于活期存款的余额时，便是透支，透支同样意味着企业获得了来自银行的信用支持，通常企业的透支限额是通过与银行的共同商议得出的。第六种，现金流出与现金流入基本一致。对于企业来说，如果能够保证现金流出与现金流入的步调一致，一方面可以在很大限度上减少交易性现金余额，另一方面还可以将现金利用率有效提升，从而减少转换成本。第七种，零余额账户的运用。在企业与银行的合作过程中，不仅需要一个主账户，还需要许多子账户，主账户可以是企业安全储备的场所，而子账户则不是。子账户所需的用于兑现支票的现金可以从主账户中直接划拨，这样可以保证有更多的资金用在其他业务所需的地方。

（四）银行存款管理

企业将货币资金存放在银行中便是银行存款，对此国家相关规定指出，如果单位属于独立核算范畴，就必须在当地开设账户。企业开设账户之后需要遵守以下规则：第一，在现金已经超过限定数额的情况下必须将其存入银行；第二，企业可以保留库存现金但是需要满足限额要求，除了一些符合规定可以直接支付现金的款项之外，企业经营过程中的所有货币收支业务在结算时都应使用银行账户来完成。

通常情况下，普通的企事业单位想要设立基本存款账户，只能设立一个，且必须是一家银行的一个营业机构。为什么企事业单位要设置基本存款账户？主要原因在于其可以通过基本存款账户发放员工的基本工资、奖金。此外，基本存款账户还可以用于转账结算与现金收付。需要注意的是，企事业单位可以设立除了基本存款账户之外的一般存款账户，一般存款账户可以在其他银行的一个营业机构设立。然而，一般存款账户只能进行转账结算，不能够对现金进行支取。除了基本账户和一般存款账户，企事业单位还可以设立临时存款账户、专用存款账户。其中，临时存款账户用于存款人临时经营活动，比如临时采购基金；而像基本建设项目专项资金就属于专用存款账户，用于企事业单位特定项目。银行存款账户的有关使用要求如下：一是基本存款账户不得用于企事业单位还贷、还账、套现使用；二是企事业单位名下的所有账户不得出租、出借；三是设立账户要符合有关规定；四是企事业单位账户只能以企业名义申请开立，不得以个人名义申请开立，且不能以个人的名义将企事业单位的资金进行存储。

二、应收及预付款项管理

应收及预付款项是指企业进行日常生产经营时产生的各项债权，包括应收票据、应收账款、应收股利、应收利息等应收款项和预付账款，例如销售商品发生的应收账款或应收票据、外购商品或材料过程中发生的预付账款等。应收及预付款项的本质是债权，应收款项对应收到的是货币资金，预付款项对应收到的是劳务和物资。

（一）应收及预付款项概述

根据《企业会计准则》，应收及预付款项的入账应和实际发生额一致。在会计实务中，企业应当根据合同、协议和发票等凭证所列的金额记录应收或预付款项。

1. 应收票据

应收票据是一种商业汇票，通常是由销售商品、提供劳务而产生的，是持票企业拥有的债权。商业汇票按承兑人可以分为商业承兑汇票和银行承兑汇票。商业汇票按是否计息可分为不带息商业汇票和带息商业汇票。商业汇票的付款期限最长不得超过6个月。商业汇票可以背书转让，也可以贴现，具有流通性。

从理论上讲，应收票据的入账价值应按照商业汇票未来现金流量的现值确认。但在实际工作中，考虑到应收票据的期限较短、利率较低，折现成现值比较烦琐，因此为了简化核算手续，一般按票据的面值入账。对于带息票据，在会计期末（主要是指中期期末和年度终了）按应收票据的票面价值和约定的利率计提利息，计提的利息冲减财务费用；同时，增加应收票据的账面余额。

要想对应收票据进行行之有效的管理，就需要企业设立"应收票据"。应收票据包括借方登记取得的应收票据的面值和计提的票据信息。贷方登记到期收回、背书转让或申请贴现的应收票据的票面金额，期末余额在借方，反映企业持有的商业汇票的票面金额和已经计提的利息。该账户应按商业汇票的种类设置明细账，并设置"应收票据备查簿"，逐笔登记商业汇票的种类、号数、出票日期、票面金额、交易合同号、付款人、承兑人、背书人的姓名或单位名称、到期日、背书转让日、贴现日、贴现率和贴现金额以及收款日期、收款金额、退票情况等资料，商业汇票到期结清票款或退票后，应予以注销。

2. 应收账款

应收账款是指企业提供了产品或者是劳务服务，从而向购货企业或被服务方收取报酬而得到的款项。企业的应收账款包括向相关债务人收取的价款、增值税额和代购货单位垫付的运费、包装费等。

应收账款的基础前提是商业信用，确认依据是购销合同、商品出库单、发票以及发运单等各类书面文件。应收账款应于收入实现时进行确认。

应收账款是债权的一种，记账时应收账款的数额应和实际发生额保持一致。其入账价值包括销售货物或提供劳务的价款、增值税以及代购货方垫付的包装费、运杂费等。在确认应收账款入账价值时，应当考虑有关商业折扣等因素。

商业折扣是指企业为了更好地把自己的商品卖出去而在产品价格上给予一定的优惠。商业折扣一般在销售时已经发生，它仅仅是确定实际销售价格的一种手段，不需要在买卖双方任何一方的账上反映出来。因此，在存在商业折扣的情况下，企业应收账款入账价值应按扣除商业折扣以后的实际售价确认。

现金折扣是指债权人为了能在比较快的时间内拿到债款，从而在价格上给予债务人一定的优惠。这种现金折扣一般出现在用赊销方式销售商品或提供劳务的交易中。企业如果想要尽量快地拿到客户的货款，经常会设立一系列优惠条款，和债务人签订相关合同，从而使得债务人在不同期限内付款能够享受到不同比例的优惠。现金折扣是实际成交价格形成之后销售方推出的鼓励采购方提前付款的收款策略，因此购销双方需要对现金折扣进行账务处理。

如果企业提供了现金折扣，那么应收账款入账价值的确定有两种方法，分别是总价法和净价法。

3. 应收股利

应收股利是指企业因股权投资而应收取的现金股利以及应收其他单位的利润。它包括企业买入股票时实际支付价款中包含的已宣告但尚未发放的现金股利，以及进行股权投资以后分得的现金股利或利润。

企业应设置"应收股利"科目，用于核算企业应收取的现金股利或利润。该科目的借方登记企业应收股利的增加额，贷方登记应收股利的减少额，期末余额一般在借方，反映企业尚未收回的现金股利或利润。该科目按投资对象设置明细科目进行明细核算。

企业购入股票支付的价款中包含已宣告但尚未发放的现金股利时，应借记"应收股利"科目，按实际支付价款贷记"银行存款"或"其他货币资金"等科目，其差额应作为投资成本记入"短期投资"或"长期股权投资"科目。

在持有股权投资期间，被投资企业宣告分配现金股利或利润时，企业应当按照本企业应享有的金额，借记"应收股利"科目，贷记"投资收益"科目。企业实际收到现金股利或利润时，借记"银行存款"科目，贷记"应收股利"科目。

4. 应收利息

应收利息是企业因债权投资而应收取的利息。为了反映应收利息的增减变动情况，企业应当设置"应收利息"科目，用于核算本企业因债权投资而应收取的利息。该科目的借方登记应收利息的增加额，贷方登记应收利息的减少额，期末如果有余额，一般在借方，用于表示企业应收未收的债权投资的利息，该科目通常按照被投资者设置明细科目进行明细核算。

需要说明的是，企业持有到期一次还本付息的债券投资期间的利息收入，不通过"应收利息"科目核算，而应通过"长期债券投资——应计利息"科目核算。

企业购入债券时，如果支付的价款中包含已到付息期但尚未领取的债券利息，该利息应记入"应收利息"科目，按实际支付的款项贷记"银行存款"等科目，二者的差额记入"短期投资"或"长期债券投资"科目。

企业持有"短期投资"或分期付息到期还本的债券作为"长期债券投资"时，在债务人应付利息日，按照债券面值和票面利率计算的应收利息借记"应收利息"科目，贷记"投资收益"科目。实际收到债券利息时，借记"银行存款"科目，贷记"应收利息"科目。

5. 预付账款

对于企业来说，在进行购货的过程中，需要先预付给供应单位相应的款项，即预付款项。这部分款项是被供应单位使用的，所以企业可以对供货单位提出要求，即要按照约定提供相应的商品，服务也包括在内。对于提前支付的款项，双方需要签订合同，款项的计算要与合同的有关规定相符，且程序要合理。

预付账款的借方主要负责预付的款项和补付的款项的登记，而贷方主要负责收到采购货物时按发票金额冲销的预付账款的登记，同时还要负责由于预付货款多余而退回的款项。通常情况下，借方负责期末余额，期末余额的作用是反映企业实际预付的款项。期末如果出现贷方余额，则反映企业存在尚未补付的款项。该账户应按供货单位设置明细账。

（二）应收账款管理

1. 应收账款管理的目标

应收账款可以视作企业为达到增加利润和提高销售量的目的而进行的资金投放，这一过程会产生成本，因此企业管理应收款项的目标在于达到投资收益和成本之间的平衡。只有当企业获得的利润大于其支出的成本时，企业才能够实施赊销。

对于应收账款的管理，需要制定有关的信用政策，以保证应收账款的合理性。具体而言，信用政策的作用是对企业的销售利润以及负担成本进行精准计算，当销售利润超过负担成本时，就需要启用信用政策。值得注意的是，企业的市场前景以及将来的销售利润也在应收账款管理的范围之内。对于应收账款是否安全，也需要进行精准的调查研究。当企业的销售利润高时，应收账款就具有较高的安全性，那么应收账款的信用政策就可以适当地放宽一些，提升赊销量，进而得到更大的销售利润。反之，就要对信用政策进行谨慎的管理，在合适的情况下采用一定的方法来调整信用政策，从而使企业的风险降低，销售利润提高。

2. 应收账款日常管理

应收账款的日常管理一般有以下六个特征。

一是重视信用调查。对客户进行信用调查十分重要。企业能够借助目标企业的财务报表、银行信用资料等材料来了解目标企业的商业信誉、偿债能力、资本保障程度、抵押品或担保以及生产经营等方面的情况，从而对各类企业进行信用方面的等级划分，为之后能否向其提供信用款项、该提供什么类型的信用款项做出一定的判断。

二是控制赊销额度。控制赊销额度是应收账款日常管理的重要手段，企业根据不同信用评定等级来确定对不同企业赊销的额度，把赊销额度严格控制在企业所能承受的风险范围内。同时，为方便企业进行定期的监督检查和管理，企业应把赊销额度记录在每个客户应收账款备查账上，当作应收账款余额控制的警戒点。

三是合理的收款策略。制定收款策略，是为了尽可能地避免客户出现赊欠款项的情况，如果出现赊欠情况，企业可以根据策略有效、快速地收回应收账款。因此，企业需要制定一套强有力的策略来应对不守信用的客户。如果企业使用策略后，依然无法达到收回账款的预期，必要时可以采取法律措施来处理，但这种方法会导致客户的流失，因此轻易不要采取此方法。

四是加强销售人员的回款管理。企业应提高销售人员的工作素养，对于销售人员要制定一套科学合理的管理、学习制度，帮助其养成良好的工作习惯。比如，销售人员最好在货款回收期限的前一周，提前通过电话或者当面拜访等方式提醒客户结款日期；在回收期限的前三天再次与客户确定好具体的结款日期；在结款日当天按时通电话或当面通知。企业在制定营销政策时，销售人员能否完成应收账款的管理任务，是企业考核销售人员工作表现的重要指标，企业应把销售额与销售人员的薪酬挂钩，也应把应收账款的回收与薪酬挂钩。

五是定期对账，加大应收账款的催收力度。企业要养成定期对账的习惯，每三个月或者六个月就必须和客户核对一次账目，并对产品品种、回款期限、退货等原因导致的单据数量核对不上、金额有误差等事项进行查证处理。企业在面对不同信用等级的客户和不同账龄的应收账款时，要实施不同的、有针对性的收账方法，提前制订好收账的方案。同时，要对可能产生的坏账损失有一定的预估和准备，要评估坏账数量对本企业造成的损失影响。对于还没到期的应收账款也要进行严格的监督和管理，尽可能避免产生更多损失。而对于那些超过应收期限还未还款的企业，企业应该对其进行排序，根据拖欠的金额和拖欠时间来确定收账的先后顺序。此外，如果债务人故意拖延欠款不还，企业就需要考虑是否利用法律武器来进行欠款追讨。

六是建立健全企业内部控制制度。完善的内部控制制度有利于企业控制坏账。企业内部控制制度主要包含以下三点：①建立销售合同责任制，每项销售都应有其对应的销售合同，此合同要对付款的条件要求等做出明确的解释；②设立赊销审批权限，对于普通业务人员、业务主管要设置不同额度的批准权力，规定好限额以上的赊销额度要有相关的领导进行审核把控；③建立货款回笼责任制，收款责任具体到营业员个人，谁销售谁就要负责回收货款，保证有始有终，同时将货款的回收纳入工作绩效的考核。

三、存货管理

（一）存货概述

存货是指企业出于销售或者消耗的目的而储存的物资。存货在企业的流动资产中占了较大的比例，但其变现能力相较其他资产来说弱一些，因此企业的存货管理成为企业需要关注的重点。要想进行良好的存货管理，企业就需要最大限度地提高存货效益，同时争取降低存货资金的比重。

1. 取得成本

取得成本是指为取得某种存货而发生的支出，其组成包括购置成本和订货成本。购置成本是指存货的买入价格，其计算方法是用存货单价乘以数量，代表了存货自身的价值。如果没有商业折扣，购置成本就不随采购次数的变化而发生改变，就是存货决策的一项无关成本。

2. 订货成本

订货成本是指为组织采购存货而发生的费用。订货成本中的采购机构的日常开支等与订货的次数没关系，这部分是固定的开支，和决策无关；而订货成本中的如差旅费、邮寄费等则与订货次数相联系，这类成本具有一定的变动性，与决策有相关性。

3. 储存成本

储存成本是指存货在存放时产生的一些费用，如仓库员工的薪酬、存货的折旧费等，这类成本与决策没有关联。储存成本中与决策有关联的是变动成本，此成本和存货储存数额成正比，如存货资金的应计利息、存货损失、存货保险费等。

4. 缺货成本

缺货成本是指缺少存货而导致的损失，例如因材料物资等供应不及时造成的停工，或者成品库存不足不能及时发货导致企业的信誉受损、销售机会丢失等。缺货成本中有些是机会成本，因此无法精确计算。缺货成本是随着平均存货的减少而逐渐增加的，因此这是存货决策中的相关成本。

(二) 测定存货资金定额

存货在企业流动资产中所占数量较大，因此企业需要对存货资金定额进行科学的测算，从而降低存货资金在流动资产中的比重，提高存货资金的利用效果。测算存货资金定额通常会用到这三种方式：定额日数法、因素分析法和比例分析法。

1. 定额日数法

定额日数法是根据存货每日平均资金占用额和定额日数来计算存货资金定额的一种方法。其计算公式为存货资金定额＝每日平均资金占用额×定额日数。这种方法适用于原材料、在产品、产成品等资金定额的测算。

2. 因素分析法

因素分析法即计算出基期有关存货资金实际合理占用额，然后分析与其有关的各种因素，通过其变化情况来测算存货资金定额的一种方法。

3. 比例分析法

比例分析法即通过分析存货资金占用额的相关指标的变化，然后根据规定的比例来推算存货资金定额。

四、固定资产管理

(一) 固定资产概述

固定资产属于有形资产。要想确认某种有形资产是否属于固定资产，需要确定其是否同时满足以下特征：第一，使用寿命超过一个会计年度；第二，其持有的目的在于提供劳务、生产商品、经营或出租。

对企业而言，固定资产的持有并不在于对产品的直接出售，其真正的用途在于出租、提供劳务、生产商品、经营管理等。事实上，通过经营租赁的形式提供机器设备的可以被称为出租，当企业租赁的主体为建筑物时，此类建筑物便是投资性房地产。

固定资产与流动资产之间存在着许多不同之处，而超过一个会计年度的使用寿命便是固定资产与其他流动资产具有较大差异的主要特征所在，同时这一特征也意味着固定资产应当属于长期持有的资产。通常所说的固定资产使用寿命一方面可以是一个企业预计使用该资产的时间，另一方面也可以是这一固定资产可以提供的服务次数或是产品生产数量。一般情况下，在固定资产的预计使用时间内，机器或设备提供劳务的数量可以用于表示其使用寿命，同样地，生产产品的数量也可以用于表示使用寿命，例如将预估的发电量作为发电设备的使用寿命。

即使某些无形资产的特征与固定资产的其他特征几乎一致，却仍然不可以被看作固定资产，其主要原因就在于无形资产并不是实物。需要特别注意的是，生物资产会计在处理业务时需要遵守相应的生物资产准则，植物、动物这些是具有生命的资产。

（二）固定资产管理

对固定资产进行管理可以加强财务预算管理，加强财务决策能力，提高财务管理水平，也为财务数据的真实性、准确性和科学性提供保障。

1. 固定资产购置

财务部门的人员将根据固定资产的类别，填制固定资产卡片，并录入固定资产登记簿。

2. 固定资产使用

财务部门在年终时要对固定资产的数量进行盘点，同时根据其状态和价值进行资产评估。固定资产使用部门要将设备日常的各项维修费用支出明细提交给财务部门，财务人员根据固定资产的支出情况填制会计凭证，年末填写固定资产卡片。

3. 固定资产报废

对于固定资产报废，有关的部门需要向财务部提出申请，填写固定资产报废申请表，然后财务部门对申请表进行审核，计算好固定资产的账面价值，同时对相关的材料进行整理收集，将固定资产的盘点结果记录下来，之后由财政部门领导进行审核，再交付给总经理审批，经过总经理审批之后，固定资产的报废完成。同时，财务部门要保存好相关的凭证，并在固定资产登记簿上进行记录。需要注意的是，在固定资产报废审批的过程中，如果出现问题造成申请表被退回，那么就要重新进行申请，重复前面所有的流程。

五、无形资产管理

(一) 无形资产概述

企业的在生产商品或者是为他人提供的劳务，又或者是出租给他人以及出于管理等目的而拥有的没有实际形态的不表现为货币形态的长期性资产，被称为无形资产。它包括了专利权利、商标权、著作权、土地使用权、商誉等，以及非专利的技术等。这些都表现出企业拥有一种特别的权利，或者能帮助企业获取更高水平的价值收益。

《企业会计准则》中对无形资产做出了相关的规定。无形资产一般分为两类：一类是专利权、非专利技术、商标权、著作权、土地使用权、特许权等可辨认的无形资产；另一类则主要是指商誉这种不可辨认资产。

无形资产具有以下特征。

1. 无实体性

无形资产一般是由法律或契约关系所赋予的权利，它没有实物形态，看不见摸不着，但其作用可以感觉得到。在某些高科技领域，无形资产往往显得更为重要。但没有实物形态的资产不一定都是无形资产，如应收账款，所以不能单靠有无物质实体作为判断是否为无形资产的唯一标志，但无形资产一定是没有实物形态的。

需要指出的是，某些无形资产的存在有赖于实物载体。比如，计算机软件需要存储在磁盘中。但这并没有改变无形资产本身不具有实物形态的特性。

2. 效益不确定性

无形资产能为企业带来长期效益，但它所能提供的未来经济效益具有很大的不确定性。

如企业拥有一项专利权，它使企业在某项技术上拥有独占使用权，从而获得超过同类其他企业的经济利益。但是一旦有一项新的技术出现，它可以远远领先于企业的专利技术，那么企业来自该项专利的经济利益就可能减少，甚至消失。无形资产的价值仅局限于特定的企业，一个企业拥有的无形资产其他企业不一定也拥有。同时，很难将无形资产的价值与特定的收入及特定的期间相联系，其不确定性远远超过其他资产。

3. 非独立性

大多数的无形资产不能与企业或企业的有形资产相分离，只有与有形资产相结合，其在企业生产经营中才能发挥作用。一个企业不可能只有无形资产，企业在未来取得的收益也很难区分是无形资产创造的还是有形资产创造的，通常是两者共同作用的结果。

4. 非流动性

无形资产能为企业连续提供一年以上的服务或利益，其成本不能在短期内得到充分补偿。企业持有无形资产的目的不是为了出售而是为了生产经营，即利用无形资产来提供商品、提供劳务、出租给他人，或为企业经营管理服务。例如，软件公司开发的用于对外销售的计算机软件，对于购买方而言属于无形资产，对于开发商而言则是存货。

（二）无形资产后续支出

无形资产的后续支出，是指无形资产入账后，为确保该无形资产能够给企业带来预定的经济利益而发生的支出，比如相关的宣传活动支出。由于这些支出仅是为了确保已确认的无形资产能够为企业带来预定的经济利益，因此应在发生当期确认为费用。

《国际会计准则第38号》指出，无形资产后续支出应在发生时确认为费用，除非满足以下条件：第一，该支出很可能使资产产生超过原来预定绩效水平的未来经济利益；第二，该支出能够可靠地计量和分摊至该资产。同时指出，商标、刊头、报刊名、客户名单和实质上类似的项目（不论是外部购入的还是内部产生的）所发生的后续支出，只能确认为费用，以避免确认自创商誉。

《英国财务报告准则第 10 号》没有特别提及无形资产后续支出。美国的会计准则也没有特别就无形资产后续支出如何处理提供指南。在实务处理中，对于可辨认无形资产，允许资本化的后续支出通常仅限于那些能够延长无形资产使用寿命的支出。

（三）无形资产摊销

无形资产应当自取得当月起在预计使用年限内分期平均摊销，计入损益。如果预计使用年限超过了相关合同规定的受益年限或法律规定的有效年限，该无形资产的摊销年限则规定如下：

①合同规定受益年限但法律没有规定有效年限的，摊销年限不应超过合同规定的受益年限；

②合同没有规定受益年限但法律规定有效年限的，摊销年限不应超过法律规定的有效年限；

③合同规定了受益年限，法律也规定了有效年限的，摊销年限不应超过受益年限和有效年限二者之中较短者；

④合同没有规定受益年限，法律也没有规定有效年限的，摊销年限不应超过 10 年。

摊销无形资产价值时，借记"管理费用——无形资产摊销"，贷记"无形资产"。

（四）无形资产减值

对于企业的各项无形资产，企业应该至少在每年年末或者是定期进行检查，审查其未来是否仍具备能给企业创造经济价值的能力，如果某项资产预期所能回收的金额少于对应的账面价值，就应该准备做好减值的准备。所以，如果无形资产存在以下一种或多种情况的时候，就应当做好无形资产减值的准备。

①已经出现某项新的技术代替了该项无形资产，严重损害该资产为企

业创造经济价值的能力。

②该项无形资产在当前这个时期的市价出现大幅度下跌，而且在剩余的摊销期限内预计无法恢复。

③该项无形资产虽然已经不受法律的保护，但还具有部分价值。

④无形资产存在以下实质上已经发生了减值的情况（如果某项无形资产存在如下情形的时候，企业应该把该项资产的全部账面价值计入当期的损益科目，并且借方记录为"管理费用"，贷方记录为"无形资产"）：

一是已经出现某项新的技术代替了该项无形资产，并且无法使用或者转让该资产；

二是该项无形资产已经不受法律的保护，而且不能继续创造经济价值；

三是其他一些可以充分证明该资产已经无法使用或者转让的情况。

企业应当设置一个"无形资产减值准备"的科目。这个科目应当以单项资产为单位进行减值准备核算。《企业会计准则第 8 号》第十七条有以下规定：如果某项资产的减值损失被确定了，就无法再次转回。期末，企业所持有的无形资产的账面价值高于其可收回金额的，应按其差额，借记"资产减值损失——计提的无形资产减值准备"，贷记"无形资产减值准备"。本科目期末贷方余额，反映企业已提取的无形资产减值准备。

《国际会计准则第 38 号》文件并没有直接定义什么是减值，只是界定了减值的损失边界。也就是说，资产的账面价值如果超过了它可以被收回的金额，那么超出部分即是减值损失。其中，资产的负债表里所确认的资金除去相关累积摊销金额和损失后的余额之后，即为资产的账面价格。

《英国财务报告准则第 10 号》指出，有形固定资产和无形固定资产的可回收的价值金额低于其账面的价值而引起的价值损失就是减值。

《美国财务会计准则公告第 121 号——长期资产减值与待处置长期资产的会计处理》指出，如果企业在长期资产的使用中所获得的价值以及最后处置了资产所获得的还没有折现的预期资金比账面价值低，就说明该企业的此项资产出现了减值。

从上述内容可以看出，尽管国际会计准则和英国会计准则对资产减值现象的描述有些不同，但实质却是一样的，而美国会计准则则有些不同。

（五）无形资产处置、报废

企业出售无形资产，按实际取得的转让收入，借记"银行存款"等；按该项无形资产已计提的减值准备，借记"无形资产减值准备"；按无形资产的账面余额，贷记"无形资产"；按应支付的相关税费，贷记"银行存款""应交税金"等；按其差额，贷记"营业外收入——出售无形资产收益"或借记"营业外支出——出售无形资产损失"。

在处理企业向外投资时利用的是无形资产的情况时，应该参考不是货币性质的交易规定。如果预期企业的某项无形资产实际已经无法为企业的未来的经济收益带来好处，那么就应该将该项无形资产的账面价值全部计入管理费用。

企业会计的准则中关于无形资产有如下规定。企业应当从以下两个方面来判断一项无形资产是否能被判断为未来无法为企业带来经济收益：一是判断该无形资产是否有了其他新的代替技术，并且现已无法带来收益；二是法律是否还保护该项无形资产，且该项无形资产现已不能带来经济收入。

第二节　负债的管理

一、负债概述

负债是指企业过去的交易或者事项形成的，预期会导致经济利益流出企业的现时义务，一般具有以下三个基本特征。

第一，由过去的交易或事项形成。企业的负债都是由过去的交易、事项所引起的。预期未来发生的交易或事项将产生的债务，不能确认为负债。

第二，是企业的现时义务。例如，银行借款是因为企业接受了银行贷款而形成的，如果没有接受贷款就不会发生银行借款这项负债；应付账款是因为采用商业信用形式购买商品或接受劳务所形成的，在这种购买未发生之前，相应的应付账款并不存在。

第三，预期会导致经济利益流出企业。负债的偿还导致经济利益流出企业，具体表现为交付资产、提供劳务、将一部分股权转让给债权人等。如果是企业能够回避的义务，就不能确认其为负债。

二、应付与预收款项

应付与预收款项是指企业在日常生产经营活动中发生的各项债务，包括应付票据、应付账款、预收账款和其他应付款等。

（一）应付票据

企业在接受了劳务供应，或者是购买了商品和材料的时候，应该开出或者是承诺兑现的商业性的汇票。

而企业应借助这个科目来对票据的产生和偿付等情况进行核算。

在这个科目里，贷方应该对开出或者承诺兑现的面值进行登记，而借方则需要登记好票据的支付金额等，而余额登记则应该在贷方，以此反映出企业还没有到期的汇票的面值金额。

同时，企业应该要将商业汇票的种类、汇票的号数、出票的日期和到期日、票面面值、交易的合同号等详细记录在"应付票据备查簿"科目里，另外还需要记录收款人或单位的名称和付款时间及金额等项目。当汇票到期汇票款结清后，该记录注销。

根据我国法律规定的商业汇票付款期限时长，企业应该对应付票据项目当作流动的负债进行管理和核算。与此同时，在实际的会计实践中，应付票据的偿付时间一般是比较短的，所以基本都按照开出或者是承兑时的票据面值入账。

企业因购买材料、商品和接受劳务供应等而开出、承兑的商业汇票，应当按其票面金额作为应付票据的入账金额。企业因开出银行承兑汇票而支付银行的承兑汇票手续费，应当计入当期财务费用。

(二) 应付账款

由于商业信用（赊购）的普遍存在，应付账款成为一种最常见、最普遍的流动负债。应付账款是企业在正常经营过程中因购买商品或接受劳务供应而发生的在 1 年内或 1 个营业周期内待清偿的债务。凡不是购买商品或接受劳务而发生的其他应付款，不属于应付账款的核算范围，如企业应付各种赔款、应付租金、应付存入保证金等，应在"其他应付款"科目进行核算。

企业应通过"应付账款"科目核算应付账款的发生、偿还等情况。

该科目应按照对方单位（或个人）进行明细核算。该科目期末贷方余额，反映企业尚未支付的应付账款。

如果企业购入的商品和材料等还没有来得及验收且入库，而且还没有支付货款时，应当在"在途物资"的借记科目上根据账单或者发票记录等凭证进行登记；按照专用发票上注明的增值税额，借记"应交税费——应交增值税（进项税额）"科目；按照应付的价款，贷记"应付账款"科目。

接受供应单位提供劳务而发生的应付未付款项，应当根据供应单位的发票账单，借记"生产成本""管理费用"等科目，贷记"应付账款"科目。

企业偿付应付账款，借记"应付账款"科目，贷记"银行存款"等科目。"应付账款"科目期末贷方余额，反映企业尚未支付的应付账款余额。

在市场经济中，进行购销活动有时会出现现金折扣，对购货方现金折扣问题，会计处理上有总价法和净价法的区别。

企业在购货发生时，按未扣除折扣前发票的总金额记入"应付账款"科目的方法被称为总价法，即按发票的全部金额借记"在途物资"等有关科目，贷记"应付账款"科目。在实现折扣时，按发票全部金额，借记"应付账款"科目；按实际支付的金额，贷记"银行存款"科目；按发票金额与实际支付金额的差额，贷记"财务费用"科目。

（三）预收账款

预收账款是指企业按照合同规定向购货单位预收的款项，包括预收的购货款、工程款等。

企业应通过"预收账款"科目核算预收账款的取得、偿付等情况。该科目应按照对方单位（或个人）进行明细核算。该账户期末如为贷方余额，则反映企业预收的款项；期末如为借方余额，则反映企业尚未转销的款项。

预收账款不多的，也可以不设置该科目，而将预收的款项直接记入"应收账款"科目的贷方。

①企业向购货单位预收的款项，借记"银行存款"等科目，贷记"预收账款"科目。

②销售实现时，按实现的收入，借记"预收账款"科目，贷记"主营业务收入"科目。涉及增值税销项税额的，还应进行相应的会计处理。

③"预收账款"科目期末如为贷方余额，则反映企业预收的款项；期末如为借方余额，则反映企业尚未转销的款项。

（四）其他应付款

其他应付款是指企业除应付账款、预收账款、应付职工薪酬、应交税费、应付利息、应付利润等以外的其他各项应付、暂收的款项，如应付租入固定资产和包装物的租金、存入保证金等。

企业应通过"其他应付款"科目，核算其他应付款的增减变动及其结存情况。该科目应按照其他应付款的项目和对方单位（或个人）进行明细核算。该科目期末贷方余额，则反映企业应付未付的其他应付款项。

①企业发生的其他各种应付、暂收款项，借记"管理费用"等科目，贷记"其他应付款"科目。

②支付的其他各种应付、暂收款项，借记"其他应付款"科目，贷记

"银行存款"等科目。

③ "其他应付款"科目期末贷方余额，反映企业应付未付的其他应付款项。

三、应付职工薪酬

(一) 概述

该科目指的是企业在得到员工提供的服务的同时，也应该相应地给员工提供一系列形式的报酬或其他支出。企业为获得职工提供的服务给予或付出的各种形式的对价都构成职工薪酬，这应当作为一种耗费构成人工成本，并与这些服务产生的经济利益相匹配。与此同时，企业与职工之间因职工提供服务形成的关系，大多数构成企业的现时义务，将导致企业未来经济利益的流出，从而形成企业的一项负债。

企业的职工薪酬内容较多，主要内容如下。

1. 工资奖金与各类补贴

工资奖金与各类补贴包括基础的工资总额计算，包括构成总额的计时、计件工资等工资，还有员工超额劳动所应得的报酬或是增收节支的部分劳动报酬、对员工进行了特殊或额外的劳动造成的消耗进行补贴，或因其他的特殊原因而必须支付给员工的津贴等，最后还包括企业为了保证在物价变化影响下的员工的工资水平不受波动而支付的物价津贴等。

2. 福利

福利主要包括职工因公负伤赴外地就医路费、职工生活困难补助、未实行医疗统筹企业职工医疗费用，以及按规定发生的其他职工福利支出。

3. 社会保险费

社会保险费是指企业按照国务院、各地方政府或企业年金计划规定的基准和比例计算，向社会保险经办机构交纳的医疗保险费、养老保险费、失业保险费、工伤保险费和生育保险费等。

4. 住房公积金

住房公积金是指企业按照国务院《住房公积金管理条例》规定的基准和比例计算，向住房公积金管理机构交存的住房公积金。

5. 工会经费

工会经费是指企业为了改善职工文化生活、开展工会活动和职工教育及职业技能培训，根据国家规定的基准和比例，从成本费用中提取的金额。

6. 非货币性福利

非货币性福利包括以下两方面：一是企业发给员工的自产的产品或者是外购的商品等；二是企业让员工无偿使用自己所拥有的资产，又或者是企业主动租赁资产供给员工无偿使用或增加无偿服务等，比如提供给企业高管人员的住房，为职工免费提供的医疗保健的无偿服务等。

7. 解除劳动关系给予的补偿

解除劳动关系包括因为企业所实施的主要业务和辅助业务相互分离、辅助业务改换机制、将冗余的人员进行分流等，或者是因为项目组重组、改组，以及员工自身不能胜任等原因，从而在员工的劳动合同尚未到期之前就和员工解除劳务关系；或者是为了让员工自愿接受裁撤通知而进行的补偿计划（主要是经济上的补偿），即辞退福利。

8. 其他支出

其他支出是指除上述七种薪酬以外的其他为获得职工提供的服务而给予的薪酬，如企业提供给职工以权益形式结算的认股权、以现金形式结算但以权益工具公允价值为基础确定的现金股票增值权等。

（二）应付职工薪酬核算

企业应当设置"应付职工薪酬"科目，核算应付职工薪酬的计提、结算、使用等情况。该科目的贷方登记已分配计入有关成本费用项目的职工薪酬的数额；借方登记实际发放职工薪酬的数额，包括扣还的款项等；期末贷方余额，反映企业应付未付的职工薪酬。

（三）应付职工薪酬账务处理

1. 账务确认

一是货币性质的员工薪酬。企业在计算相关资金成本或者当前时期的盈亏时，还应该根据员工所服务的对象的收益，为职工计算其在职时提供服务的会计期内的货币性质的薪酬，同时落实所需支出的资金。具体来说，可以从以下四个方面入手：

①生产部门人员的职工薪酬，借记"生产成本""制造费用""劳务成本"等科目，贷记"应付职工薪酬"科目；

②管理部门人员的职工薪酬，借记"管理费用"科目，贷记"应付职工薪酬"科目；

③销售人员的职工薪酬，借记"销售费用"科目，贷记"应付职工薪酬"科目；

④应由在建工程、研发支出负担的职工薪酬，借记"在建工程""研发支出"科目，贷记"应付职工薪酬"科目。

二是非货币性质的员工薪酬。企业也应该将员工在职服务期间，根据员工职位等评估发放给员工的企业自产的产品的公允价值，作为福利性的薪酬，也计算进入企业相关成本或者损益里，同时统计好应付薪酬，到时候可以借以记录为"管理资金""生产成本"和"制造费用"等类目。

2. 职工薪酬的发放

一是支付职工工资、奖金、津贴和补贴。企业工资要按照"工资结算汇总表"中的"实发金额"栏的总数进行发放，企业需要在工资日的前一天从该企业的开户行中支取现金，并借记"库存现金"科目，贷记"银行存款"科目，然后再向职工发放。企业按照有关规定向职工支付工资、奖金、津贴等，借记"应付职工薪酬——工资"科目，贷记"银行存款""库存现金"等科目；企业从应付职工薪酬中扣还的各种款项，借记"应付职工薪酬"科目，贷记"银行存款""库存现金""其他应收款""应交税费——应交个人所得税"等科目。

二是支付职工福利费。企业向职工食堂、职工医院、生活困难职工等支付职工福利费时，借记"应付职工薪酬——职工福利"科目，贷记"银行存款""库存现金"等科目。

三是支付工会经费、职工教育经费和缴纳社会保险费、住房公积金。企业支付工会经费和职工教育经费用于工会运作和职工培训，或按照国家有关规定缴纳社会保险费或住房公积金时，借记"应付职工薪酬——工会经费"科目，贷记"银行存款""库存现金"等科目。

四是发放非货币性福利。企业以自产产品作为职工薪酬发放给职工时，应确认主营业务收入，借记"应付职工薪酬——非货币性福利"科目，贷记"主营业务收入"科目；同时结转相关成本；涉及增值税销项税额的，还应进行相应的会计处理。

四、借款与利息

（一）短期借款

短期借款是指企业向银行或其他金融机构等借入的期限在 1 年以内（含 1 年）的各种借款。短期借款一般是企业为维持正常的生产经营而借入的或者为抵偿某项债务而借入的资金。短期借款的债权人一般为银行、其他金融机构或其他单位和个人。

企业向银行进行短期借款需按照银行有关规定的程序，在提出申请、接受审核、签订人民币短期借款合同协议后，借入贷款、支付贷款的利息，并按规定的借款期限归还借款。

为了反映和监督短期借款的取得和归还情况，企业应设置"短期借款"科目，核算企业向银行或其他金融机构等借入的期限在 1 年以下（含1 年）的各种借款。该科目贷方登记企业借入的各种短期借款；借款归还时，记入该科目的借方；该科目的余额一般在贷方，反映企业尚未偿还的短期借款本金。该科目应按借款种类、贷款人和币种设置明细账进行明细核算。

为了反映企业应付利息的增减变动情况，企业应设置"应付利息"科目，核算企业在应付利息日应支付的借款利息，借记"财务费用""在建工程"科目，贷记"应付利息"科目；实际支付利息时，借记"应付利息"科目，贷记"银行存款"科目；"应付利息"科目期末贷方余额，反映企业应付未付的利息。"应付利息"科目可按贷款人进行明细核算。

（二）长期借款

长期借款是指企业向银行或其他金融机构借入的期限在 1 年以上（不含 1 年）的各项借款。

企业通过设置"长期借款"科目来核算企业长期借款的借入、归还等。该科目贷方登记取得长期借款的增加数；借方登记长期借款本息的减少数；贷方余额表示尚未偿还的长期借款本息。该科目可按贷款人和贷款种类设置明细账进行明细核算。

企业应当在应付利息日按照借款本金和借款合同利率计提利息费用，借记"财务费用""在建工程"科目，贷记"长期借款"科目。

企业在借款中所发生的借款费用，是指因借款而发生的利息以及因外币借款而发生的汇兑差额等。借款费用的确认主要解决的是将每期发生的借款费用资本化、计入相关资产的成本，还是将有关借款费用费用化、计入当期损益的问题。借款费用确认的基本原则是：企业发生的借款费用，可直接归属于符合资本化条件的资产购建或者生产的，应当予以资本化，计入相关资产成本；其他借款费用，应当在发生时根据其发生额确认为财务费用。为购建固定资产而发生的专门借款，在满足借款费用开始资本化的条件时至购建的固定资产竣工决算前，应计入固定资产成本。在固定资产已竣工决算后发生的，应于发生时计入当期财务费用。

五、应缴税费

（一）应缴税费概述

企业按照国家税法的相关规定需要缴纳的税费类型有：增值税、消费税、营业税、城市维护建设税、资源税、企业所得税、土地增值税、房产税、车船税、土地使用税、教育费附加、矿产资源补偿费、印花税、耕地占用税等。企业需要设置"应缴税费"科目，记录各项税费的应缴和实际缴纳情况。

（二）应缴增值税

增值税是以商品（含应税劳务、应税服务）在流转过程中产生的增值额作为计税依据而征收的一种流转税。我国增值税相关法规规定，在我国境内销售货物或者提供加工、修理、修配劳务以及应税服务的企业单位和个人为增值税的纳税人。

增值税纳税人有两种：一种是一般纳税人，另外一种是小规模纳税人。二者的区分标准是纳税人的经营规模及会计核算的健全程度。

在计算当期增值税应纳税额时，一般纳税人通常会通过购进扣税法来完成这一过程。首先按照当期销售额和适用税率进行销项税额的计算，随后抵扣当期向对方支付的税款，此时应纳税额便可以通过这一间接的计算方式计算出来。具体计算公式为当期应纳税额＝当期销项税额－当期进项税额。

当期销项税额指纳税人当期销售货物、提供应税劳务和应税服务，按照销售额和适用税率计算的增值税额。当期进项税额指纳税人当期购进货物、接受应税劳务和应税服务支付或负担的增值税额。一般来说，有以下几种类型：从销售方或提供方取得的增值税专用发票上注明的增值税额；从海关取得的海关进口增值税专用缴款书上注明的增值税额；购进农产品，除取得增值税专用发票或者海关进口增值税专用缴款书外，按照农产品收购发票或者销售发票上注明的农产品买价和13%的扣除率计算的进项税额；接受境外单位或者个人提供的应税服务，从税务机关或者境内代理人处取得的解缴税款的中华人民共和国税收缴款凭证上注明的增值税额。

（三）应缴消费税

消费税是一种根据流转额所要缴纳的一种税项，一般由在我国境内从事生产、委托加工和进口应税消费品的单位和个人缴纳。消费税的征收主要有两种方式：从价定率和从量定额。

用从价定率方式征收的消费税，以不含增值税的销售额为税基，按照税法规定的税率计算。因企业的部分收入包括了增值税，因此这部分收入需要换算成不含增值税的销售额进行计划。以化妆品为例，消费税需要按照不含增值税价款的30%进行征收。

用从量定额方式计征的消费税，按税法确定的企业应税消费品的数量和单位应税消费品应缴纳的消费税计算。比如柴油，每升需要征收的消费税为0.8元。

企业应在"应缴税费"科目下设置"应缴消费税"明细科目，核算应缴消费税的发生、缴纳。

六、应付债券

(一) 概念

债券是一种有价证券，需要按照一定的法定程序发行，并且要与投资者约定好还本的时间期限。应付债券作为企业筹集资金的书面凭证，上面记录了利率和期限等事项，从而对于还本付息做出一定承诺。

(二) 分类

根据偿还本金的方法进行划分，债券可分为一次还本债券和分期还本债券；根据支付利息的方式进行划分，债券可分为到期一次债券和分期债券；根据可否转换为企业股票进行划分，债券可分为可转换债券和不可转换债券；根据有无担保进行划分，债券可分为抵押债券和信用债券；根据是否记名进行划分，债券可分为记名债券和不记名债券；根据发行价格进行划分，债券可分为按面值发行的债券、溢价发行的债券和折价发行的债券。

(三) 核算

企业发行长期债券应设置"应付债券"科目来核算企业为筹集长期资金而实际发行的债券及应付的利息，并在"应付债券"科目下设置"债券面值""利息调整"和"应计利息"三个明细科目。

1. 债券的发行

如果债券发行的价格等于面值上的数字，企业就需要以自己实际收到的款项为标准，借记"银行存款"科目，贷记"应付债券——债券面值"科目。

如果债券发行的价格大于面值，那么企业需要根据自己实际收到的金额，借记"银行存款"科目，按债券面值贷记"应付债券——债券面值"科目，按超过面值的部分贷记"应付债券——利息调整"科目。

如果债券发行的价格小于面值，那么企业需要根据自己实际收到的金额，借记"银行存款"科目，按债券面值贷记"应付债券——债券面值"科目，按实收金额小于面值的部分借记"应付债券——利息调整"科目。

2. 利息调整的摊销

债券存续时，应该用实际利率法进行调整，从而对利息进行摊销。实际利率法指的是用应付债券的实际利率对摊余成本和每一期的利率进行计算的方式，而实际利率的意思是将应付债券存续期间的未来现金流量，折现为债券当前账面价值使用的利率。

3. 债券的偿还

如果想要一次性支付本钱和利息，企业就应于债券到期支付债券本息时，借记"应付债券——面值、应计利息"科目，贷记"银行存款"科目；采用一次还本分期付息方式的，在每期支付利息时，借记"应付利息"科目，贷记"银行存款"科目；债券到期偿还本金并支付最后一期利息时，借记"应付债券——面值""在建工程""财务费用""制造费用"等科目，贷记"银行存款"科目，按借贷双方之间的差额借记或贷记"应付债券——利息调整"科目。

第三节　所有者权益的管理

一、所有者权益概述

(一) 概念

所有者权益是指所有者能够享受到除去企业负债以外的那部分剩余权益的资产。而在公司中，所有者权益也被称为股东权益。所有者权益表明所有者在企业资产除去债权人应该享受的部分外，享受了剩下的资产。这不仅表明了所有者得到了企业在投入资本后所产生的保值增值的部分资产，而且能够体现出维护债权人权益的思想。

(二) 特征

一是所有者权益可以永久使用。除发生减资、清算或分派现金股利外，所有者权益在企业经营期内可以供企业长期、持续使用，企业不必向投资者返还资本金。

二是所有者如果想要享受自己的权益，必须要等企业把负债还清之后。从这一方面来说，所有者在企业经营的过程中承担着企业的风险，但同时也享有最后的利益。如果企业面临破产清算，那么之后当企业还清所有负债之后，剩余的所有者权益才会由所有者享受。

三是只有存在所有者权益，这些所有者才能够被分配到企业的经营利润。

(三) 内容

我国《企业会计准则》规定，所有者权益的内容包含所有者投入的资本、直接计入所有者权益的利得和损失、留存收益等，通常由实收资本（或股本）、资本公积、其他综合收益、盈余公积和未分配利润构成。

第一，实收资本是指所有者投入企业的注册资本。注册资本需要在工商行政管理部门进行登记，资本的金额即为投资者的出资额，而在股份有限公司中，实收资本的表现内容是股本。

第二，资本公积是指投资者或他人（或单位）投入企业，所有权归属于投资者共同所有，但不构成实收资本（或股本）的资本或资产。在我国，资本公积主要包括资本溢价（或股本溢价）和其他资本公积等。

第三，其他综合收益是指企业按照会计准则，还没有在当期的损益中确定下来的各项利得和损失，如果之后能够满足条件，那么将会计入损益。

第四，盈余公积是指企业按税后利润的一定比例提取的积累基金。未分配利润指的是对于目前的部分利润企业还没有确定好用处，因此等待下一年度进行分配。盈余公积和未分配利润都是历年实现的净利润留存于企业，因此也称留存收益。

二、实收资本

（一）概念

实收资本即投资者根据协议约定或者企业指定的规章，实际投入企业的资本。实收资本是企业成立时所有投资者投入资金的总和，也是注册登记的法定资本总额的来源，这一部分资金为企业能够进行正常的运转经营打下了基础。这能够说明所有者对企业的基本产权关系。

（二）相关管理规定

我国目前实行的注册资本制度表明，如果国家没有特殊规定，那么企业的实收资本等于注册资本。

企业实收资本与原注册资本数额相比，差额大于20%时，企业需要带着资金使用证明或验资证明，向原主管机关申请变更登记。

《中华人民共和国公司法》（以下简称《公司法》）规定，投资者出资既可以使用货币（人民币或者人民币以外的币种均可），也能够使用非货币财产，但此非货币财产必须是能够用货币估价且可以依法进行转让的，如实物、知识产权、土地使用权等。

全体股东的货币出资总和需要大于等于有限责任公司注册资本的30%。出资是取得股东资格的依据，同时也是成为股东之后应该尽的最主要的义务，股东必须认真履行出资义务。《公司法》规定，如果股东用实物方式出资，除了应该把实物交给公司以外，还应该把实物的产权及时过户到公司名下，如果股东因为自己的出资缓慢造成了其他债权人的损害，那么股东应对自己的行为负责并且承担赔偿责任。

企业收到所有者投入企业的资本后，应根据有关原始凭证（如投资清单、银行通知单等），分别以不同的出资方式进行会计处理。

三、资本公积

（一）概念

资本公积是指企业收到了投资者的出资金额，但有一部分超出了其在注册资本中所占的份额，超出的部分即被称为资本公积。资本公积属于所有者权益，虽然这不算是实收资本，但探其实质，资本公积是资本的储备形式之一，可以被视作准资本。资本公积主要是以企业的经营发展状况为依据，通过履行一定的法定程序后达到资本的转化增值。

（二）资本公积的形成

1. 资本溢价

资本溢价是指一般企业的投资者的实际出资额大于其在企业注册资本中所占份额的金额，资本溢价的形成原因是新投资者超额缴入资本。

2. 股本溢价

股本溢价是指股份有限公司溢价发行股票时，实际收到的股票款超出股票面值的金额。股份有限公司筹集资金的方式是发行股票从而筹集股本。不同于普通的企业，股份有限公司可能从成立之初就溢价发行股票，所以成立之初就可能会造成股本溢价。股本溢价的金额即为股份有限公司发行股票时实际收到的款项与股票面值差额的部分。

3. 其他资本公积

其他资本公积是指除资本溢价（或股本溢价）、净损益、其他综合收益和利润分配以外所有者权益的其他变动。比如，企业的长期股权投资采用权益法核算时，因被投资单位产生除净损益、其他综合收益以及利润分配以外的所有者权益的其他变动（主要包括被投资单位接受其他股东的资本性投入、被投资单位发行可分离交易的可转债中包含的权益成分、以权益结算的股份支付、其他股东对被投资单位增资导致投资方持股比例变动等），投资企业按应享有份额而增加或减少的资本公积，直接记入投资方所有者权益（资本公积——其他资本公积）。

（三）其他综合收益

其他综合收益即为企业按照会计准则的具体要求不能在当期损益中确定下来的各项损益。而其他综合收益总的来说可以被划分成两类：第一类是在之后的会计期间也不能重新分类进入损益的部分资金；第二类是在之后的会计期间能够符合一定的条件从而可以被重新分类进入损益的其他综合收益。

第二类在未来的会计期间也无法被重新分类进入损益中的其他综合收益主要有以下两种：重新计量设定受益计划净负债或净资产导致的变动；因被投资单位重新计量设定受益计划净负债或净资产变动导致的公益变动，投资企业按持股比例计算确认的该部分其他综合收益。

1. 属于其他综合收益的内容

第一，以公允价值计量且其变动计入其他综合收益的金融资产，也包括将持有至到期投资重分类为可供出售金融资产时，重分类日公允价值与账面余额的差额计入"其他综合收益"的部分以及将可供出售金融资产重分类为采用成本或摊余成本计量的金融资产的，对于原记入资本公积的相关金额进行摊销或于处置时转出导致的其他资本公积的减少。

第二，确认按照权益法核算的在被投资单位其他综合收益中所享有的份额导致的其他资本公积的增加或减少。这里需区分以下两种情况。

①对合营联营企业投资。采用权益法核算确认的被投资单位除净损益

以外所有者权益的其他变动导致的其他综合收益的增加，不是资本交易，是持有利得。因此，不论是投资单位的个别报表还是合并报表，均应归属于其他综合收益。

②对子公司投资。在编制合并报表时，在合并报表中按权益法确认的其他资本公积和少数股东权益的变动才是其他综合收益。子公司因权益性交易导致的资本公积或留存收益的变动使得合并报表按权益法相应确认的其他资本公积和少数股东权益的变动不是其他综合收益。

第三，计入其他资本公积的现金流量套期工具利得或损失中属于有效套期的部分以及其后续的转出。

第四，境外经营外币报表折算差额的增加或减少。

第五，与计入其他综合收益项目相关的所得税影响。针对不确认为当期损益而直接计入所有者权益的所得税影响。

①自用房地产或存货转换为采用公允价值模式计量的投资性房地产，转换当日的公允价值大于原账面价值，其差额计入所有者权益导致的其他资本公积的增加，及处置时的转出。

②计入其他资本公积的，满足运用套期会计方法条件的境外经营净投资套期产生的利得或损失中有效套期的部分以及其后续的转出。

2. 不属于其他综合收益的内容

第一，所有者资本投入导致的实收资本（或股本）与资本公积（资本溢价）的增加。其包括控股股东捐赠视为资本投入而确认的资本公积（资本溢价）增加。

第二，所有者的权益因为当期的净利润增加而增加，或者因为利润的分配问题而导致相关权益有所减少。

第三，在统一控制下的企业合并时，合并的一方在整个过程中取得的净资产的账面价值与所支付的合并对价的账面价值（包括发行的股票面额）之间有差额，以及调整资本公积或留存的收益而产生的增减。

第四，编制合并报表时，对子公司的除净损益和其他综合收益后，所有者的权益的变动而导致的投资单位的"其他资本公积"发生增减的情况进行核算而产生的收益变动。比如说，对子公司投资并编制合并报表时，利用权益法对子公司的权益性交易等进行核算时，资本公积或者留存收益发生变动，进而"其他资本公积"也发生变动。

第五，以权益为基础结算的股份支付在确认成本的时候发生的"其他资本公积"的增加，或者在行权日减少了公积以及"资本溢价"等导致资本公积产生变动。

第六，资金的减少造成了所有者权益的减少。主要有因收购本公司股份、转让和注销库存股而导致的所有者权益项目的增减变动。

第七，一些高危行业企业根据国家有关要求提取和使用了安全生产费，使得所有者权益项目"专项储备"有所变动。

第八，其他权益性交易导致的所有者权益的增减变动。

四、留存收益

企业在历年的利润里提取或者积累的留在企业内部的资产，包括盈余公积和未分配的利润，就是留存利益。

（一）盈余公积

1. 概念

企业按照规定可以从净利润中提取一部分作为企业的累积资金，这就是所谓的盈余公积。也就是说，企业将所获得的盈利分配给投资者之前，必须先按规定提取盈余公积。

法定盈余公积和任意盈余公积是公司制企业盈余公积的两大组成部分。其中，法定部分是指企业按照法律规定的比例从公司净利润中抽取的公积金。按照相关法律规定，公司制的企业应该按照净利润（减去弥补以前年度亏损之后）的10%提取法定盈余公积。而非公司制的企业则可以提取超过10%的盈余公积。当法定部分累积已达到注册资金的50%以上时，可以停止。另外，值得一提的是，如果在以往年份中有盈余的未分配利润余额，那么在计算提取的比例基数时，不包括企业年初时未分配的利润；

如果以前有亏损，则应该先弥补亏损再提取。

企业通过股东大会或类似的机构批准之后，按照规定从净利润里提取一定比例的公积金则称为任意盈余公积。其中，公司制的企业一般是通过了股东大会的决议之后再提取任意比例的盈余公积。而非公司制的企业则通过类似的权利机构进行。

法定盈余公积和任意盈余公积的不同之处是二者计提的依据不一样。法定盈余公积的计提是国家相关法律法规所要求的，任意盈余公积则可以由各个企业自行安排决定。

企业提取的盈余公积，经批准可用于弥补亏损、转增资本、发放现金股利等。

2. 核算

企业应该设置一个"盈余公积"账户来对盈余公积的形成和使用等进行核算和监督。这是所有者权益类的账户，贷方应该对按一定标准提取的数额进行登记，而借方应该登记按规定好的用途而使用的盈余公积金额。如果期末贷方账面有余额，说明盈余公积有结余数额，则该账户应该对"法定盈余公积"和"任意盈余公积"分别进行明细核算。

第一，提取盈余公积的账务处理。企业按规定提取法定盈余公积时，应借记"利润分配——提取法定盈余公积"账户，贷记"盈余公积——法定盈余公积"账户。企业提取任意盈余公积时，应借记"利润分配——提取任意盈余公积"账户，贷记"盈余公积——任意盈余公积"账户。

第二，使用盈余公积的账务处理。盈余公积应该先用来补偿亏损部分，按照税法、公司法等相关的法规规定，如果企业想要填补亏损，通常可以用到的途径有下面三种：第一种，企业能用开始亏损后连续五年内实现的税前利润递延弥补；第二种，如果企业目前发生的亏损数额较大，未来五年还是不能够补偿，就需要用未来年度的税后利润来补偿；第三种，投资者进行审议后，能用盈余公积弥补亏损。首先，如果企业有亏损，那么公司召开股东大会或者经公司其他权力机构批准后，可以通过提取法定盈余公积的方法来填补亏损，但是除去已经填补亏损的资金外，剩余的法定盈余公积必须大于等于注册资本的25%。企业在用盈余公积补亏时，借记"盈余公积——法定盈余公积"账户，贷记"利润分配——盈余公积补亏"账户。其次，用任意盈余公积转增资本时，并没有什么法律限制规定，但是如果要用法定盈余公积转增资本，转增后企业法定盈余公积的比例必须大于等于转增前注册资本的25%。在进行盈余公积对资本的转增时，转增资本的数量需要根据投资者所持有的比例进行转增，借记"盈余公积——法定盈余公积"账户，贷记"实收资本（或股本）"账户。最后，如果想要把盈余公积当作现金股利或是利润进行下发，就需要根据具体情况做出考虑。通常来说，盈余公积不能被当作股利或利润进行发放。但也存在特殊情况，如果企业的盈余公积数量远多于分配利润时，为了使得企业的形象不受损害，企业会通过股东大会和类似机构特别决议，将部分可用的盈余公积作为现金股利或利润分配给投资者，当作对投资者的回报。但这里有一个规定，即分配后企业法定盈余公积的比例必须大于等于分配前注册资本的25%。分配现金股利时，借记"盈余公积——法定盈余公积或任意盈余公积"等账户，贷记"应付股利"账户；发放现金股利时，借记"应付股利"账户，贷记"银行存款"账户。

（二）利润分配和未分配利润

1. 概述

利润分配即企业按照国家相关规定以及企业的规章和协议等，把本年度企业能够用于分配的利润进行分配的行为。

未分配利润即企业获得的净利润，再去掉填补亏损、提取盈余公积和向投资者分配利润后依然保留在企业内部的、历年结存的利润。和其他所有者权益相比，企业对于未分配利润的决定有更大的权力。

2. 账务处理

企业需要设置"利润分配"账户，来计算和监督企业利润的分配（或亏损的弥补）和历年分配（或弥补）后的未分配利润（或未弥补亏损）。此账户是所有者权益类的一种，是"本年利润"的调整账户。该账户应分别对"利润分配——提取法定盈余公积""利润分配——提取任意盈余公积""利润分配——应付现金股利或利润""利润分配——盈余公积补亏""利润分配——未分配利润"等进行明细核算。

企业未分配利润通过"利润分配——未分配利润"账户进行核算，该账户反映企业历年累积的结存利润或亏损情况。年度终了，企业应将全年实现的净利润或发生的净亏损，自"本年利润"账户转入"利润分配——未分配利润"账户，并将"利润分配"科目所属其他明细科目的余额转入"利润分配——未分配利润"账户。结转后，如果"利润分配——未分配利润"账户出现贷方余额，表示累计未分配的利润数额；如果出现借方余额，则表示累积未弥补的亏损数额。

如果企业想要通过股票形式发放股利，就要满足如下要求：公司需要具有待分配的利润，且此利润必须符合新股发行的相关规定，还要经过股东大会商讨做出决定。通常股票的交易价格会高于股票面值，那么当企业派发股利时，股东很有可能可以得到比现金股利更多的股票股利。但是如果股票股利派发得过多，就会增加股份总额数量，从而进一步对公司形象造成负面影响、增加运营的资金成本。此外，企业分配的股票股利不通过"应付股利"账户核算，如果企业宣告分配股票股利，企业会计上不做分录，只做备查登记。

第四节　经营成果的管理

一、收入

（一）概述

收入是经济利益的总流入，此流入是在企业的日常经营中产生的，能够使得所有者权益增加，并且这部分流入和所有者投入的资本没有什么关系。

（二）收入确认的基本原则

企业在确认和计量收入时，应遵循的基本原则有如下两点。

一是如果想要确认收入，那么其中应该体现出企业向客户转让商品或提供服务的模式，收入的金额需要表现出企业因转让商品或提供服务而预期有权收取的对价金额。

二是企业需要精准地计算企业的损益，这要通过对收入进行确认和计量，这也体现了企业的生产经营成果。

企业将商品交付给客户，在履约时就要对收入进行确认。交付完成，意味着客户取得相关商品控制权，也意味着客户能够主导该商品的使用并从中获得几乎全部的经济利益，同时可以阻止其他方主导该商品的使用并从中获得经济利益。取得商品控制权一共包含三个要素：

第一，客户必须拥有现时权利，能够主导该商品的使用并从中获得几乎全部的经济利益；

第二，客户有能力主导该商品的使用，这就意味着客户不仅可以将该商品用于自己的活动，还能够允许或者是阻止其他方使用该商品；

第三，客户能够获得几乎全部的经济利益。

（三）收入确认的主要方法

1. 销售商品收入确认的方法

商品主要有两种：一种是为了销售和生产的产品，另一种是出于转售目的而购进的商品。销售商品收入需要同时满足以下几个要求才能被确认：商品所有权所带来的主要风险和报酬已经属于买方；企业不再拥有和商品相关联的继续管理权，同时也不再控制着已售出的商品；交易所获得的利益可以流入企业；企业获得的收入和成本都可以科学、准确地计算。

一般情况下，企业的日常生产经营的收入可以依照上述原则进行确定，然而这并不是一成不变的，偶尔也会出现一些不同的情况，例如某些销售商品涉及托收承付、商业折扣、现金折扣或是销售退回等。上述例子属于特殊情况，因此企业在计算收入时需要考虑全面，避免出现不必要的失误。在出现托收承付情况时，企业实现收入确认首先要遵守合同相关约定完成发货，其次可以向银行提出向付款单位收款的委托，最后还需将托收手续办理完成。需要特别注意的是，如若风险和报酬未能实现转移，企业仍旧无法确认收入。在交易涉及现金折扣的情况下，确认收入的金额是扣除现金折扣前的金额，这也说明收入是将现金折扣的金额包括在内，同时这部分也应当计入财务费用。交易涉及商业折扣是指企业在销售价格方面给予购货方的折扣，而折扣后的价格便属于销售收入，其优惠部分不计入销售收入。当企业的销售出现销售折让时，意味着企业销售的商品出现问题需要按照商品标价进行优惠处理，此时必须考虑这一确认的收入发生在何时：当其属于本会计年度时便可以冲减本期销售收入，当其发生于资产负债表日之后，在处理时需将其视作日后事项。在销货退回时，需要从两个方面进行探讨：一是当退回的货物仍处于未完成收入确认的状态下，处理方式是其冲减发出商品，同时库存商品将相应增加；二是当退回的商品已经完成收入确认时，处理方式是将其冲减当期销售收入。

2. 提供劳务收入确认的方法

在进行劳务收入确认时可能会遇到两种不同情况，区分这两种情况主要依据劳务交易结果是否可以进行可靠计量。一般情况下，当其可以可靠计量时，收入确认往往会采用完工百分比法。当其无法可靠计量时，需要考虑企业预计劳务成本的补偿情况，当劳务成本可以被补偿时，劳务收入将会以已收取完成的或预计可收回的金额进行确认，然而一旦出现无法收回预计劳务成本的情况，就需要将劳务成本计入损益，同时也意味着无法完成劳务收入确认。

当企业同时销售商品和提供劳务时，需要把销售商品的部分和提供劳务的部分单独进行核算，销售商品的部分按销售收入标准确认，提供劳务的部分按劳务收入标准确认，如果两者之中有不太好划分或者是划分好之后不太好计算的部分，那就需要全部依据提供劳务收入的性质来确认收入。

3. 让渡资产使用权收入确认的方法

让渡资产使用权收入主要有两个部分，一是利息收入，二是使用费收入。确认的条件有如下两条：相关的经济利益很可能流入企业；收入的金额能够做到科学准确计量。

在利息收入中，企业应当在资产负债表日，按照对外借出的本金和实际利率计算收入，在使用费收入中，应当按照合同或者协议约定的时间标准和收费方法来计算，如果有后续服务的，应该按照服务期分期确认收入。

二、费用

（一）概述

费用即企业在日常经营时所产生的支出，主要的费用包含企业为取得营业收入进行产品销售等营业活动所发生的营业成本、税金及附加和期间费用。

（二）费用管理的基本原则

1. 制度化

费用管理制度化意味着企业需要建立一套科学具体的制度，对于日常经营活动所产生的各类材料消耗要有明确的标准，并且费用的管理责任要明确到个人，管理人员需要对职责有深刻认识，并且要承担应尽的责任和义务。

2. 现实化

管理措施现实化意味着企业在对各类费用进行管理时，管理的过程要符合企业实际，对于具体的情况要做出有针对性的分析，并且采取对应的科学的措施，合理控制好企业各项费用的支出。

（三）费用管理的主要方法

1. 提高费用核算管控地位

企业组织在经营过程中，一方面，应该本着精细化的管理理念和提高全成本的意识，引领全部成员养成节约成本的习惯，同时，不仅要对经营战略的改善十分关注，而且对于成本核算和费用管理工作的重要性要有深刻意识，从而提升这项业务的地位，规范相关核算流程，将费用开支的核算做到更加精确。另一方面，对于企业各部门的财政权利要做清晰的界定，着重管理经费，明确且细致地划分费用的项目。比如，采购部门要设置采办费，人事部门要设置招聘费、培训费，销售部门和生产部门要计算相关销售成本和生产成本等；这些部门和所对应的费用明细应该由各部门自行设计好清单和报表，并且必须按时提交给财务，以便核算。通过这种方式就可以集中且有效对企业成本费用进行管理。每个部门在有费用支出的时候，要首先计算预测好所需的费用金额，并且统计好相关信息提交至财务进行审批，如果发现超出预算或者预算错误，就会进行修正。

2. 健全核算管理制度

企业在对上述成本核算和管理的制度进行确立和健全时，可以根据工作职能将工作岗位划分为成本的信息采集、分析、预测、预算确认和决算等，并根据这个划分制订合理的规则，从工作人员个人开始落实。另外，企业必须坚持执行目标作为导向的原则和内外兼顾的原则，也就是所谓的费用成本的管理和核算原则需要被贯彻和落实。其中，通过控制以最少的费用来实现预期的经济收益和提高企业的业绩效果即为目标导向的原则；而内外兼顾的原则是企业在进行费用管理和核算时，对内部管理要有效，不能出现成本无法控制的情况，又要遵守外部的核算标准。

3. 强化费用核算管理信息化建设

企业需要加强企业成本费用核算管理的信息化建设，想要做到良好的建设，需要结合现代化的信息技术、计算机自动化技术、人工智能技术、大数据技术等来提升成本信息收集和分析的准确性，确保成本核算结果的正确率，从而构建一套科学、完善、便捷的成本核算信息收集系统、分析系统、存储管理系统、预算系统、核算管理系统与决算系统，同时还应该搭建成本核算信息管理平台。此外，还需要借助人工智能技术来加强核算智能化建设，以此为成本预算、费用核算和成本费用决算工作提供完善的基础保障。

三、利润

（一）概述

利润等于收入减去费用，并且可以直接计入当期利润的利得和损失等。如果利得和损失减去所得税，就需要计入其他综合收益项目。净利润加上其他综合收益，被视为综合收益总额。

利得是在企业的非日常活动中形成的，与所有者投入的资本没有关系，利得能够使所有者的权益有所增长。

损失是在企业的非日常活动中形成的，与所有者能分配到的利益没有关系，损失会导致所有者的权益有所减少。

（二）利润管理的基本原则

1. 规范的法律制度框架

企业的一切活动都应该遵守国家有关法律法规的规定，企业所得的利润需要根据法律制度的规定进行管理。企业的利润管理如果遵循了法律法规就是合法、合理的；反过来则是违法的。

2. 协调各利益主体

企业的利润管理与各个利益主体能得到多少利益分配有关，所以企业在进行利润管理时，需要对各个利益主体进行协调规划和制衡，要保持公正的原则，不能对特定的某一方利益主体有偏向性。具体来说，这种平衡和协调就是利益分配的结果不应该以让自己获得最大利益为导向，而应该以各方能接受什么样的限度为前提条件。进行利益分配时，要确保各方的利益都能够得到有效的保证和认可。

（三）利润管理的主要方法

会计期末结转本年利润可以用表结法和账结法进行管理。

如果使用表结法，各损益类科目要在每月末结算好本月发生额和月末累计余额，此时不结转入"本年利润"科目，年末时要把全年累计的余额结转入"本年利润"科目。每月末将损益类科目的本月发生额合计数填入利润表的本月数栏，同时将本月末累计余额填入利润表的本年累计数栏，通过利润表计算反映各期的利润（或亏损）。

账结法（我国采用）下，每月末均需编制转账凭证，将在账上结计出的各损益类科目的余额结转入"本年利润"科目。

第三章

财务报表

第一节　财务报表概述

财务报表是指在日常会计核算资料的基础上，按照规定的格式、内容和方法定期编制的，综合反映企业某一特定日期财务状况和某一特定时期经营成果、现金流量状况的书面文件。

一、财务报表的功能作用

财务报表是企业在一定时间范围内反映其财务状况、经营成果和现金流量状况的主要工具，具有以下五个作用。

第一，提供决策依据。财务报表能够给企业管理层和股东们提供对企业财务状况的准确评估，为制定合理的战略和决策提供重要的参考和依据。

第二，帮助公司进行融资。财务报表能够向外界传递企业的财务状况，为企业在融资过程中提供重要的参考信息。

第三，推动公司的改进。通过财务报表，企业能够发现自身存在的问题和瓶颈，以便及时采取措施加以改进，改善企业的财务状况。

第四，评价公司绩效。财务报表能够通过比较不同时间段的财务数据，评价公司的业绩和成长潜力，也可以用来比较公司与同行业竞争对手的财务状况，从而较为科学地评估公司的竞争力。

第五，向政府和公众提供信息。财务报表是企业向政府、公众及其他相关方提供财务信息的主要途径，既能为政府监管提供基础数据，也能提高公司财务信息透明度，增加公众对企业的信任度。

财务报表在企业的决策、融资、改进、评价和信息披露等方面都具有重要的作用。

二、财务报表分类

（一）资产负债表

资产负债表是财务报表中的一种，展示了公司在某一时间点上的资产、负债和股东权益的情况。它是一份重要的财务报表，不仅对公司管理层，而且对外部投资者、债权人和潜在投资者等各方都具有很大的参考价值。

资产负债表中的"资产"包括公司拥有和控制的有形和无形资产，如现金、应收账款、存货、投资、固定资产、无形资产等。这些资产的价值可以为公司带来收益或增加公司的生产能力。"负债"包括公司的债务和其他负债，如短期债务、长期债务、应付账款、未缴纳税款等。这些负债需要公司以后承担还款义务，并需要支付利息。"股东权益"包括实收资本、资本公积和盈余公积等。它代表了公司归属于股东的净资产。资产负债表按照会计准则的要求列示，并按照资产和负债的流动性和可变现程度分类。这些分类可以帮助分析师和投资者更好地了解公司的资产和负债情况，从而更好地评估公司的财务状况和风险。

资产负债表展示了公司在特定时间点上的财务状况。与利润表和现金流量表相比，它更关注公司的静态财务状况，而不是公司的动态表现。然而，资产负债表仍然是投资者评估公司财务状况的重要工具之一。

在资产负债表上，资产和负债通常按照流动性和可变现程度进行排列，这些排列被称为"流动性顺序"。流动性顺序通常从最具流动性的资产或负债开始，逐渐向最不具流动性的资产或负债移动。这种顺序有助于分析师和投资者更好地了解公司的资产流动状况，并确定公司的财务稳定性。除了展示公司的资产、负债和股东权益，资产负债表还可以提供其他重要的信息，如公司的资本结构、公司的债务水平、公司的营运能力、公司的盈利能力等。这些信息对投资者、债权人、分析师等财务利益相关者都非常重要。

（二）损益表

损益表，或称利润表，是财务报表中的重要组成部分，它反映了公司在一定时期内的收入、成本和利润情况。通常情况下，公司会在每个会计期间结束后编制损益表，以便为股东、管理层、潜在投资者和其他利益相关方提供有关公司业绩和财务状况的信息。下面对损益表的基本内容、编制方法及作用进行详细介绍。

1. 基本内容

损益表通常包含以下主要部分。

一是营业收入。营业收入是公司在一定时期内从正常经营活动中获得的所有收入，包括商品销售收入、服务收入等。

二是营业成本。营业成本是指公司在一定时期内在正常经营活动中发生的所有成本，包括原材料成本、制造成本、销售成本、劳务成本等。

三是销售费用。销售费用是指公司在一定时期内在正常经营活动中发生的所有销售费用，包括广告费用、促销费用、运输费用、仓储费用等。

四是管理费用。管理费用是指公司在一定时期内在正常经营活动中发生的所有管理费用，包括办公室租金等。

五是财务费用。财务费用是指公司在一定时期内在正常经营活动中发生的所有财务费用，包括利息费用、手续费等。

六是营业利润。营业利润是指公司在一定时期内从正常经营活动中获得的利润。

七是投资收益。投资收益是指公司在一定时期内从投资活动中获得的收益，包括股利收入、利息、股权转让收益等。

八是营业外收入。营业外收入是指公司在一定时期内从非正常经营活动中获得的所有收入，包括政府补贴、赔偿收入等。

九是营业外支出。营业外支出是指公司在一定时期内在非正常经营活动中发生的所有支出，包括罚款支出等。

十是净利润。净利润是指公司在一定时期内从所有经营活动中获得的利润总额减去所得税后的金额，计算方式为营业利润加上投资收益和营业外收入减去营业外支出和所得税费用。

2. 编制方法

损益表的编制方法包括以下步骤。

第一，确定报表期间。损益表通常是按照年度编制的，因此需要确定报表期间，一般为一年。

第二，收集财务数据。收集公司在报表期间内的所有财务数据，包括营业收入、成本、费用等信息。

第三，分类整理数据。对收集到的财务数据进行分类整理，按照营业收入、营业成本、销售费用、管理费用、财务费用等项目进行归类。

第四，计算各项数据。按照所归类的项目分别计算营业收入、营业成本、销售费用、管理费用、财务费用等数据，并计算出营业利润、投资收益、营业外收入、营业外支出和净利润等。

第五，审核和调整数据。对计算出的各项数据进行审核和调整，确保数据的准确性和真实性。

第六，编制报表。将审核和调整后的数据填入损益表，形成最终的损益表。

3. 损益表的作用

损益表对公司的管理层、股东、潜在投资者和其他利益相关方具有以下作用。

第一，了解公司的盈利能力。通过损益表可以了解公司在一定时期内的收入、成本和利润情况，从而了解公司的盈利能力。

第二，分析公司的经营状况。通过损益表可以分析公司的营业收入、营业成本、销售费用、管理费用和财务费用等项目，从而了解公司的经营状况。

第三，制订经营计划。通过损益表可以了解公司在一定时期内的盈利情况，从而帮助管理层制订更加有效的经营计划。

第四，提高公司的融资能力。通过损益表可以展示公司的盈利能力和财务状况，从而提高公司的融资能力。

（三）现金流量表

现金流量表展示公司在一定时期内的现金流入和流出情况，包括经营、投资和筹资活动的现金流量。

（四）股东权益变动表

股东权益变动表反映公司在一定时期内股东权益的变化情况，包括股本、公积金、留存收益等。

此外，还有附注、财务报表说明等补充信息。这些报表在合并会计报表中同样会涉及。

公司财务报表为公司的管理层、股东、潜在投资者以及其他利益相关方提供了有关公司业绩和财务状况的重要信息。通过财务报表，人们可以了解公司的营业收入、营业成本、净利润等关键指标，以便做出更加明智的投资和经营决策。其中，损益表还可以帮助公司管理层分析公司的盈利能力和成本结构，从而制定更有效的经营策略和措施。因此，编制准确、清晰、完整的财务报表对于公司的财务管理和决策具有非常重要的意义。

三、报表的编制要求

（一）数字真实

数字真实是财务报表编制的重要要求之一。数字真实要求财务报表中的各项数据必须真实准确地反映公司的财务状况和经营业绩，不能存在虚假、误导性的数据。这不仅是财务报表编制的基本要求，也是企业诚信经营的基础。如果财务报表中存在虚假、误导性的数据，会影响投资者的决策，也可能会引发企业信用危机，对企业的发展造成严重影响。

为了确保数字真实，企业需要按照会计准则和会计制度的规定，正确计量和披露各项财务信息。企业应建立健全内部控制制度，确保财务报表的准确性和可靠性。企业还应该定期进行内部审计和外部审计，及时发现和纠正财务报表中存在的问题。此外，企业还应该公开财务信息，接受社会各界的监督和审查，增强数字真实的公信力。数字真实的要求不仅适用于财务报表编制的过程，也适用于企业的日常经营活动。企业应该遵守各种法律法规和商业道德规范，保证企业经营的合法性、合规性和诚信性，从而为数字真实提供保障。

（二）内容完整

财务报表的编制要求之一是内容完整。财务报表应该包括公司在一定时间内的资产、负债、所有者权益、收入、成本、利润和现金流量等方面的信息。财务报表的内容应该反映公司的财务状况和经营业绩，真实、准确地反映公司的财务情况。

为了确保报表内容的完整性，企业需要做好以下工作。第一，做好数据收集工作。企业需要收集各个部门和子公司的财务数据，确保数据的准确性和完整性。在数据收集过程中，需要注意保护数据的安全，避免数据泄露。第二，建立完整的会计档案。企业需要建立完整的会计档案，包括原始凭证、账簿、报表和相关文件等，以便核实和审核报表数据的真实性和准确性。第三，财务报表的编制应符合会计准则和法律法规的要求。企业需要遵守相关的会计准则和法律法规，确保财务报表的编制符合规定要求。第四，对财务报表进行审计。企业应该委托专业的会计师事务所对财务报表进行审计，以确保财务报表的真实性、准确性和完整性。第五，及时更新财务报表。企业需要及时更新财务报表，反映公司最新的财务状况和经营业绩，确保报表的时效性和有效性。

通过做好以上工作，企业可以确保财务报表的内容完整、真实和准确，为管理层、投资者和其他利益相关方提供有价值的信息。

（三）计算准确

编制财务报表必须计算准确，这是财务报表信息真实可靠的重要保证。财务报表的编制需要满足以下要求。

1. 核对账簿记录

编制财务报表时必须依据核对无误的账簿记录和其他有关资料，确保数据的准确性和真实性；必须对所有的原始交易记录、账单、收据、发票等资料进行核对，确保每一笔交易记录的准确性和真实性。

2. 遵守会计准则规范

在编制财务报表时，必须遵循会计准则和规范，严格按照会计准则的要求进行会计处理和核算，确保财务报表的真实可靠。

3. 数据避免估计

在编制财务报表时，应避免使用估计或推算的数据，所有数据必须基于确切的原始数据和核对无误的资料计算得出，从而确保数据的准确性。

4. 遵守法律法规

在编制财务报表时，必须严格遵守相关的法律法规，避免因违反相关法律法规而导致的财务报表不准确或不合法。

5. 严禁作假

在编制财务报表时，绝不能以任何方式弄虚作假、玩数字游戏或隐瞒谎报。必须保证财务报表的真实可靠性，任何形式的弄虚作假都是不允许的。

（四）按时报送

财务报表的编制要求之一是报送及时。一般来说，公司的年度报告应该在一年结束后的三个月内完成，季度报告应该在季度结束后的一个月内完成，半年度报告应该在半年度结束后的两个月内完成。这些时间要求是为了使股东、投资者和其他利益相关者能够及时了解公司的财务状况和经营情况，从而更好地做出投资决策。如果财务报表的报送时间延迟，就可能会影响公司的信誉，引起股东和投资者的不满，甚至可能引起监管部门的调查。因此，公司应该严格遵守相关的报表报送时间规定，确保财务报表及时准确地发布。

（五）确保手续完备

财务报表编制的另一个重要要求是手续完备。这意味着需要在编制报表的过程中遵循相关法规和规定，确保所有需要的文件、记录和批准程序都已完整、准确地准备好，并按时提交给相关部门和人员。例如，在提交年度财务报表时，通常需要包括审计报告、管理层讨论和分析报告、公司董事会批准文件等。如果这些文件或记录缺失或不完整，就会对报表的准确性和可靠性产生负面影响，甚至引发法律问题。因此，财务报表的编制需要在确保手续完备的前提下进行。这意味着需要建立健全内部控制制度，确保所有需要的文件和记录都被完整、准确地保留，并且能够及时地提交给相关部门和人员。同时，还需要确保财务报表编制的过程符合相关法律法规的规定，以避免违反法律法规的风险。

四、财务报表分析

随着我国当前社会经济的不断发展，企业所涉及的业务范围逐渐宽泛，因此在新时代需要探索出一条新的发展之路，从而提高企业当前的发展水平以及发展质量。比如在实际工作中要开展针对性的财务报表分析工作，为领导人员实施重要决策提供合理性的依据，在实际工作中需要全面了解财务报表的概念和作用，从而为后续工作奠定坚实的基础。

（一）财务报表分析的基本内容

财务报表分析是一种基于财务报表，评估企业经济状况、盈利能力、财务风险等方面的分析工作。财务报表分析能够帮助企业了解其内部运营状况和外部市场情况，有助于企业在未来做出正确的决策。

财务报表分析的主要内容包括五点。第一，比率分析。通过对财务报表中的各项数据进行计算和比较，得出有关企业经营状况的各种比率，如流动比率、速动比率、资产周转率等，进而判断企业经营状况。第二，趋势分析。通过对财务报表中同一项目在多个会计期间的变化情况进行比较，发现其发展趋势，如销售收入、利润、资产总额等，有助于了解企业发展的方向。第三，垂直分析。通过对财务报表中不同项目在同一会计期间的占比情况进行比较，了解不同项目在整个财务报表中所占比重，如资产负债表中各项资产、负债和股东权益的占比情况等。第四，经营效益分析。通过对财务报表中收入和成本、利润等项目进行分析，评估企业的经营效益，并探究如何提高经营效益的方法和途径。第五，风险评估分析。通过对财务报表中负债和利润等项目进行分析，评估企业的财务风险，并寻找降低财务风险的方法和途径。

财务报表分析对企业管理具有重要意义，它可以帮助企业了解自身经营状况，以便企业制定更加科学的经营决策。通过财务报表分析，企业可以发现存在的问题和不足，从而及时进行调整和改进，提高企业经营水平和生产效率。

同时，财务报表分析也可以为投资者、银行等利益相关方提供有关企业经营状况和财务状况的信息，有助于建立互信关系和提高企业声誉。然而，在财务报表分析过程中也存在一些需要注意的问题。第一，需要注意数据的来源和准确性，确保所分析的数据真实可靠。第二，需要考虑企业经营环境的变化，及时调整分析方法和指标体系，确保分析结果具有可靠性和实用性。第三，还需要注意数据的细节和背景信息，避免只看表面数字而忽略了数据背后的实际情况。

（二）财务报表分析的主要功能作用

评估企业的盈利能力和稳定性：通过分析损益表和资产负债表，可以了解企业的盈利情况以及负债和资产的结构，从而使企业评估企业的盈利能力和稳定性。

1. 识别企业问题

财务报表分析可以帮助管理层及时发现企业存在的问题和挑战，例如资金短缺、成本过高等，从而使企业及时采取措施进行调整和改进。

2. 制定财务策略

通过对财务报表的分析，企业可以制定更加合理的财务策略，例如投资计划、财务预算等，从而提高企业的财务管理水平。

3. 辅助决策

财务报表分析可以为企业的决策和投资提供重要的依据和参考，例如评估投资项目的潜在回报率、选择合适的融资方式等。

财务报表分析对于企业的管理、决策和投资都具有重要的意义，可以帮助企业全面掌握财务信息，提高财务管理水平和效率，增强企业的竞争力和稳定性。

（三）财务报表分析的局限性

财务报表分析作为企业日常财务管理和决策中不可或缺的一环，具有重要的意义和作用。然而，财务报表分析也存在一些局限性，主要表现在以下四个方面。

1. 自身的局限性

财务报表是以历史数据为基础编制的，仅反映了企业在过去某一特定时期的财务状况和业绩表现，无法预测未来。此外，财务报表仅反映企业的财务状况，而对于企业的非财务因素，如市场环境、政策环境等因素的影响，财务报表无法全面反映，需要结合其他信息进行分析。

2. 分析方法的局限性

财务报表分析需要运用各种分析工具和方法，如比率分析、趋势分析、竞争分析等。但是，这些方法和工具都有其自身的局限性，无法全面反映企业的财务状况和业绩表现。比如，比率分析只能反映财务数据之间的关系，而无法反映其背后的原因和影响因素。

3. 数据质量限制

财务报表分析的准确性和可靠性受到数据质量的限制。如果企业的财务数据存在误差、漏报、重复等问题，就会影响财务报表分析的准确性和可靠性。此外，财务数据的处理和计算过程中也可能出现人为操作和偏差，影响数据的真实性和可靠性。

4. 环境因素问题

企业的财务状况和业绩表现不仅受企业自身内部因素的影响，还受外部环境因素的影响，如市场环境、经济环境、政策环境等。这些因素的变化可能会导致企业的财务状况和业绩表现发生变化，从而影响财务报表分析的准确性和可靠性。

财务报表分析虽然具有重要的意义和作用，但是也存在一些局限性。为了更好地应对这些局限性，企业需要在财务报表分析工作中加强对数据的质量管理，结合多种分析方法和工具进行分析，同时考虑外部环境因素的影响，以提高财务报表分析的准确性和可靠性，为企业的决策提供更多有力的支持和指导。此外，企业也需要意识到财务报表分析是一个持续不断的过程，需要不断地更新数据和分析方法，以适应不断变化的经济环境和市场需求，从而更好地满足企业自身的发展需求。另外，在财务报表分析工作中，也需要注意信息披露的问题。企业应该遵守相关法律法规和规范要求，及时披露财务信息，确保信息的真实可靠性和完整性，避免误导投资者和其他利益相关方。

（四）企业财务报表分析应用价值

1. 偿债能力分析

财务报表分析在企业中有多种应用价值，其中之一就是对企业偿债能力进行评估和分析。偿债能力是企业财务稳定性的一个重要指标，它可以衡量企业在规定期限内清偿债务的能力，同时也反映了企业对外部债务的依赖程度。以下是财务报表分析在企业偿债能力分析方面的具体应用价值。

一是负债结构分析。负债结构分析是指对企业的负债情况进行梳理和分析。在财务报表中，企业可以通过资产负债表中的负债部分来了解自身的债务情况。负债结构分析可以帮助企业了解自身的债务种类、债务金额、债务期限等信息，从而使企业更好地规划偿债计划，避免出现债务风险。

二是流动比率分析。流动比率是指企业流动资产与流动负债之间的比率。通过流动比率分析，企业可以了解在规定期限内自身能够清偿短期债务的能力。如果企业流动比率较高，则说明企业具备一定的偿债能力；反之，企业则需要进一步探究自身的债务情况，以避免债务危机的发生。

三是速动比率分析。速动比率是指企业速动资产与流动负债之间的比率。速动资产包括现金、银行存款和有价证券等，它们具有较高的流动性，可以快速地用于偿还债务。通过速动比率分析，企业可以了解在不考虑存货的情况下自身能够清偿短期债务的能力，对自身的偿债能力进行更加细致的评估。

通过分析企业的偿债能力，可以预判企业未来的偿债状况，为企业的财务决策提供重要的参考。在分析债务偿还能力时，需要考虑到企业的现金流量、债务期限、债务金额等因素，综合分析企业的债务情况，以制订合理的偿债计划。

财务报表分析在企业偿债能力方面具有重要的应用价值。通过对负债率、利息保障倍数等指标的分析，可以帮助企业及时发现财务风险和偿债压力，使企业采取有效措施保障偿债能力，稳健运营。同时，财务报表分析也可以为企业的融资决策提供参考，企业能够了解当前的财务状况和偿债能力，选择合适的融资方式和融资规模。因此，企业在日常经营中需要重视财务报表分析，在偿债能力方面加强监控和管理，以保证自身的可持续发展。

2. 现金流量分析

现金流量是企业运营中最为关键的财务指标之一，它反映了企业在一定时期内现金的流入和流出情况。因此，现金流量分析在企业管理中具有重要的价值。

首先，通过现金流量分析可以帮助企业了解现金流量状况，及时发现和解决企业面临的资金紧张、现金流短缺等问题，从而提高企业的财务稳定性和偿债能力。其次，现金流量分析可以帮助企业优化资金结构，合理规划现金流量，降低财务风险，提高企业的盈利能力。最后，现金流量分析还可以为企业在制订资本预算、投资决策等方面提供重要的参考依据。然而，现金流量分析也存在着一些限制和挑战。例如，现金流量分析需要大量的数据支持，而在一些情况下，企业可能存在数据不完整、不准确等问题，影响现金流量分析的准确性。此外，现金流量分析也需要考虑外部环境的影响，如市场环境、政策法规的影响等，因此需要对相关外部因素进行充分的研究和分析。

现金流量分析在企业管理中具有重要的价值，可以帮助企业提高财务稳定性和偿债能力，优化资金结构，降低财务风险，提高盈利能力，为企业的发展提供重要的支持和帮助。

3. 盈利能力分析

财务报表分析在企业中的另一个重要应用价值是评估企业的盈利能

力。盈利能力是企业实现盈利的能力，也是股东和投资者最为关注的指标之一。财务报表分析可以通过对利润表、资产负债表和现金流量表的分析，评估企业的盈利能力，包括以下四个方面。

一是利润水平。利润水平是衡量企业盈利能力的主要指标之一。通过分析企业的利润表，可以了解企业的收入、成本和费用情况，计算出企业的净利润和利润率等指标，从而评估企业的盈利水平。

二是资产回报率。资产回报率是衡量企业资产利用效率的指标。通过分析企业的资产负债表和利润表，可以计算出企业的总资产回报率、净资产回报率等指标，评估企业的资产利用效率和盈利能力。

三是现金流量。现金流量是衡量企业盈利能力的重要指标之一。通过分析企业的现金流量表，可以了解企业的现金流入流出情况，计算出企业的经营、投资和筹资活动现金流量等指标，从而评估企业的盈利能力和现金流量状况。

四是成长性。成长性是衡量企业盈利能力的重要指标之一。通过分析企业的财务报表，可以了解企业的历史发展和未来成长潜力，评估企业的盈利能力和发展前景。

财务报表分析在企业盈利能力方面具有重要的应用价值。通过分析企业的利润水平、资产回报率、现金流量和成长性等指标，可以全面了解企业的盈利能力和发展潜力，为企业的决策提供有力的支持。

第二节　财务报表列报和披露中的常见问题

根据《企业会计准则》及相关规定，企业应当遵守与财务报表列报相关的准则规定，正确列报企业的财务状况、经营成果和现金流量，并充分披露与理解财务报表相关的重要信息，以向财务报表使用者提供对决策有用的信息。部分上市公司在编制财务报表时，存在列报不规范、披露不充分的问题。

一、固定资产处置收益问题

固定资产处置收益是指企业通过出售、报废或其他方式处置固定资产所获得的收益。在财务报表中，固定资产处置收益通常被列入营业外收入，以反映企业在日常经营以外的投资、融资等活动中所获得的收益。然而，在实际中，固定资产处置收益的列报常常存在一些问题。

一些企业可能会将固定资产处置收益列入营业收入，以提高企业的经营业绩，从而获得更多的资金支持。这种行为是不正确的，因为固定资产处置收益属于营业外收入，与企业的日常经营业绩无关，不应该列入营业收入。因此，在财务报表编制过程中，企业需要遵守相关的会计准则和法律法规，将固定资产处置收益列入正确的账户，真实、准确地反映企业的经营状况和财务状况。同时，企业应当建立健全内部控制制度，加强对财务报表编制的监督和审计，避免虚增固定资产处置收益等不当行为的发生。

二、利息列报问题

在财务报表列报和披露中，与利息相关的列报问题是比较常见的。以下是一些可能出现的问题。

一是利息支出列报问题。企业需要在财务报表中列报其支付的利息支出。然而，有时企业可能会将某些利息支出错误地列入其他费用类别，导致财务报表数据失真。

二是利息收入列报问题。企业如果有利息收入，就需要在财务报表中列报。但是，有时企业可能会将某些利息收入错误地列入其他收入类别，这同样会导致财务报表数据失真。

三是利息资本化列报问题。企业在购买或建造固定资产时，可能会产生大量的利息支出。这些利息支出应该被资本化，即被加入资产的成本中。但是，有时企业可能会错误地将这些利息支出列入其他费用类别，或者没有资本化全部的利息支出，从而导致财务报表数据失真。

四是利息税前/税后列报问题，企业在列报利息相关数据时，需要区分税前和税后金额。有时企业可能会混淆这两个金额，或者忘记在财务报表中明确区分，从而导致数据不准确。

这些问题都可能会影响企业的财务报表的准确性，因此企业需要在编制财务报表时特别注意这些问题。

三、税款列报问题

财务报表中与税款相关的列报问题包括以下三个方面。

一是所得税费用的列报问题。企业需要按照会计准则和税法规定计算所得税费用，并在资产负债表和利润表上列报所得税费用、递延所得税资产和负债等信息。但是，所得税计算存在一定的复杂性和主观性，可能导致税务和财务在所得税费用的计算上存在差异，因此需要通过适当的调整来保证财务报表的准确性。

二是增值税的列报问题。企业需要按照税法规定计算增值税的应纳税额，并在资产负债表和利润表上列报增值税信息。但是，由于增值税的计算涉及多种因素，如税率、抵扣、退税等，可能存在一定的风险和不确定性，因此需要通过合理的税务筹划和风险管理来降低企业面临的税务风险。

三是其他税费的列报问题。企业还需要按照税法规定计算和列报其他税费，如城市维护建设税、资源税、城镇土地使用税等，以保证财务报表的准确性和规范性。但是，由于这些税费计算的复杂性和多样性，可能需要企业加强税务筹划和风险管理，以降低税务风险并提高财务报表的准确性和规范性。

四、现金流量表问题

现金流量表是财务报表中重要的一部分，记录企业在一定期间内的现金流量情况。在现金流量表的编制中，常见的问题包括以下五种。

第一，项目分类不准确。现金流量表需要将现金流量分为经营活动、投资活动和筹资活动三大类。如果项目分类不准确，就会导致现金流量表不准确，影响企业决策。

第二，项目漏报或错报。现金流量表的编制需要仔细核对每个项目的数值和来源，避免遗漏或重复报告现金流量项目。同时，需要确保每个项目的分类准确，避免将某些现金流量误报到不正确的活动类别中。

第三，时间跨度不一致。现金流量表中的时间跨度通常为一年，但有时也需要编制中间期现金流量表。如果时间跨度不一致，就会影响数据的比较和分析，导致决策不准确。

第四，列报格式不规范。现金流量表需要按照规范的格式列报，包括各项现金流量的名称、金额、增减情况等信息。如果格式不规范，就可能会导致数据难以理解和比较。

第五，解释不清。现金流量表需要配有详细的注释和解释，以便读者理解各项现金流量的来源和用途。如果解释不清，就会影响读者对企业财务状况的理解和评估。

五、融资租赁相关问题

融资租赁是指出租人将资产租给承租人使用，并由承租人支付租金。出租人持有该资产的所有权，在租赁期结束后可以选择回购资产或者继续出租给承租人。在财务报表中，融资租赁需要披露相关信息，以便用户能够全面了解公司的财务状况和经营情况。

常见的融资租赁信息披露问题包括以下五种。

第一，融资租赁资产的披露。应当明确列示融资租赁资产的种类、数量、价值以及相关的租赁协议和条款。

第二，租赁负债的披露。应当明确列示租赁负债的种类、数量、租赁期限、租金支付情况以及未来的租金支付义务。

第三，租赁费用的列报。公司应当按照适用的会计准则将租赁费用列报到利润表上，同时在现金流量表中披露相关信息。

第四，租赁期剩余还款额的披露。应当明确列示租赁期剩余还款额及其对应的时间表。

第五，融资租赁资产折旧及折旧方法的披露。应当明确列示融资租赁资产的折旧方法及其预计使用寿命和残值，以及其对应的折旧额。

在披露融资租赁信息时，应当遵循相关的会计准则和报告规范，确保信息的真实、准确、完整和及时。同时，公司应当注重披露信息的可读性和可理解性，让投资者和其他利益相关方能够充分了解公司的融资租赁活动对公司财务状况和经营情况的影响。

六、递延项目的影响

递延所得税是财务报告的重要组成部分，可细分为递延所得税负债和递延所得税资产。递延所得税对财务报表的信息质量影响较大，已经引起了社会各界的关注。

递延所得税是一项非常重要的递延项目，它主要体现为企业当前税收上缴应付金额的变化情况。递延所得税对财务报表的影响较为复杂，可能对财务报表的信息质量产生积极或消极的影响。

第一，递延所得税的正确计算和披露可以提高财务报表的信息可靠性和准确性。递延所得税涉及企业未来的税收承担情况，是企业财务状况的重要指标之一。通过正确计算和披露递延所得税，企业内外部利益相关方能更好地了解企业未来的财务状况和风险，从而更好地制定决策和规划。

第二，递延所得税的计算方法和披露方式不规范可能会对财务报表的信息质量产生消极影响。如果企业在计算递延所得税时，忽略了一些重要的因素，或者将一些不应计入递延所得税的因素计入其中，可能导致递延所得税计算错误，从而对财务报表的信息质量产生不良影响。此外，如果企业披露的递延所得税信息不规范，如未按照会计准则要求分类披露或者未按照规定时间披露，可能会影响利益相关方对企业财务状况的判断和信任，进而对企业的经营和发展产生不良影响。

递延所得税是企业财务报表中的重要递延项目，正确计算和披露可以提高财务报表的信息可靠性和准确性，但不规范的计算方法和披露方式可能会对财务报表的信息质量产生消极影响。因此，企业应加强对递延所得税的管理和监控，确保递延所得税的计算和披露规范化，从而提高财务报表的信息质量。

第三节 新时代现行财务报告的改进方法

在当前社会经济发展条件下，企业会计信息对于企业经营发展有着至关重要的影响。通过对会计信息进行整理和分析，可以了解企业实际发展情况、行业发展情况以及其他行业公司财务管理实际情况。根据所得的相关财务数据，企业能及时调整未来发展战略，保证经济效益，提高企业财务管理内部控制管理水平，以便企业经营者制定正确的投资决策、贷款决策、筹资决策，提高资金使用效率。为了提高企业财务管理质量和水平，必须创新和改进传统财务报告分析方法，对会计信息进行整理和分析。

一、财务报告概述

(一) 财务报告的性质

财务报告是以企业经营过程中的基本事实为基础编制的。财务报告是企业向外界披露自身财务状况的一种方式，是企业财务会计的重要成果之一。财务报告既为企业决策者提供有用信息，也为外部用户提供完整信息。作为会计的基本功能，财务报告通过记录和反映经济活动的具体数据来展现经济效果和质量。随着经济活动的不断发展和复杂化，财务报告的重要性愈加凸显。

财务报告的质量需要有一定的保证，这一保证是被动的，需要依靠相关的规章制度进行规范和监管。财务报告必须保证真实有效，不能造假，以维护企业的信誉，便于政府进行经济管理，对企业股东负责。财务报告遵循公平性、充分性和恰当性的原则。公平性是指财务报告应该符合社会普遍认可的公平标准，不应该歪曲事实或误导公众。充分性要求财务报告能够连续地反映企业的经济活动，尽可能地提供最完整的信息。恰当性是为了提供最有效的信息，而不是迷惑用户或误导他们。

财务报告是企业向外界展示财务状况的重要途径，对于企业、政府、投资者和其他相关方面都具有重要的意义。财务报告应该确保其质量和准确性，遵循公平性、充分性和恰当性的原则，为各方提供有用的信息和参考，为企业的可持续发展和社会经济的稳定发展做出贡献。

(二) 财务报告信息特征

财务报告信息的特征包括完整性、准确性、及时性、可比性和可读性等。这些特征的强化可以提高财务报告的质量和对决策者的有用性。

完整性是指财务报告需要包括所有重要的财务信息，以反映企业的全部经济活动。此外，还需要对重要的递延项目、会计估计和会计政策等进行充分披露，以确保财务报告的完整性。

准确性是指财务报告中所提供的信息必须真实无误。同时，还需要对重要的会计估计和会计政策进行审慎的评估和披露，避免出现信息误导的情况。

及时性是指财务报告需要在合理的时间内向利益相关者提供。同时，还需要及时披露重要的财务信息，以满足利益相关者的信息需求。

可比性是指财务报告需要具有可比性，以便进行跨企业或跨时期的比较。同时，还需要对会计政策和会计估计等进行充分披露，以帮助利益相关者进行比较和分析。

可读性是指财务报告需要以简明易懂的方式呈现信息。在财务报告的编制过程中，需要采用清晰的语言和简明的表格，以便利益相关者理解和使用财务报告。

二、传统财务报告分析方法的不足之处

（一）未对企业资产和负债情况进行真实体现

传统财务报告分析方法的局限性之一是无法充分体现企业资产和负债的实际情况。传统的财务报告分析方法主要关注企业的财务状况和经营业绩，比如利润、现金流量和资产回报等指标。这些指标虽然可以反映企业当前的经营状况，但并不能充分反映企业的资产和负债的实际情况。例如，企业的固定资产可能在财务报表上被折旧，但实际价值可能高于财务报表所显示的价值，因此传统的财务报告分析方法无法充分反映企业的真实价值。另外，传统财务报告分析方法还存在其他局限性，例如无法准确反映企业的风险状况、无法对企业未来的发展进行预测等。因此，需要通过引入新的分析方法和工具来打破传统财务报告分析方法的局限性，例如引入风险管理工具、使用数据分析等技术手段，以更加全面和准确地分析企业的财务报告。

（二）计算能力有限

传统的财务报告分析方法主要是基于会计原则和公式进行计算和分析，计算能力有限，无法对企业资产进行充分计量。例如，在传统的财务

报告中，固定资产通常被列报为其原始成本减去累计折旧后的净值，而不是它们实际的市场价值。这样就无法准确反映企业资产的真实价值和质量。另外，传统的财务报告也无法充分体现非财务因素对企业价值的影响，例如企业的品牌价值、员工素质等因素。

此外，传统财务报告分析方法还存在以下局限性。

第一，忽略了企业未来的发展趋势和潜力。传统的财务报告主要反映过去的经营情况和财务状况，无法充分预测企业未来的发展趋势和潜力。

第二，无法全面反映企业经营风险。传统的财务报告主要反映企业的财务状况和经营情况，无法全面反映企业的经营风险，例如市场风险、政策风险等。

第三，无法准确反映企业治理和社会责任状况。传统的财务报告主要反映企业的财务状况和经营情况，无法准确反映企业的治理和社会责任状况，例如企业的合规性、反腐败措施等。

因此，在分析企业的财务状况时，需要结合其他信息来源，如市场分析、竞争对手情况、行业发展趋势、企业战略等，综合考虑企业的各方面情况，以更加全面、准确地评估企业的价值。

（三）信息分析总结能力不足

传统财务报告分析方法的另一个局限性是侧重于反映企业财务信息，而忽略了其他重要的企业信息，例如市场营销、生产效率等。这些信息对企业的发展同样具有重要影响，但传统财务报告分析方法无法对其进行充分分析和总结。此外，即使是对财务信息的分析，传统方法也较为局限，仅能提供一些基本的财务指标和趋势分析，缺乏深入的解释和理解能力。因此，需要结合其他方法和工具，如经济学、市场分析等，以更全面、深入地分析企业信息，为决策提供更科学、准确的依据。

（四）时效性较差

传统财务报告分析方法的局限性之一是时效性较差，这是由于财务报告编制需要一定时间，尤其是年度报告的编制需要在年末完成，而在这段时间内，企业经营情况可能已经发生了很大的变化。因此，传统财务报告分析方法可能无法及时反映企业的最新经营情况，给企业决策带来不利影响。另外，传统财务报告分析方法的信息披露也存在局限性。企业披露的信息通常是基于财务报告编制的，而财务报告只能反映企业的财务信息，不能全面反映企业的经营状况。例如，财务报告中并不能详细反映企业的市场竞争情况、战略规划、人才管理等非财务方面的信息，这就限制了传统财务报告分析方法的全面性和深度。传统财务报告分析方法在分析企业财务状况方面具有一定的局限性，需要结合其他分析方法和工具进行综合分析，以更全面、准确地把握企业的经营状况和发展趋势。同时，企业也需要加强信息披露的广度和深度，以提高财务报告的实用性和时效性。

三、财务报告分析方法创新

（一）新时代财务报告的创新原则

新时代财务报告分析方法的改进与创新需要遵循以下原则。

一是信息披露的全面性和透明度原则：财务报告应当提供企业全部的重要信息，确保信息的真实性、准确性和完整性，避免隐瞒和歧义性，确保信息的全面性和透明度。

二是信息呈现的可读性和易理解原则：财务报告应当通过清晰、简洁、易懂的方式来呈现信息，使信息易于理解和使用，方便各方面用户做出决策。

三是信息分析的实用性和价值原则：财务报告的信息应当有助于各方面用户了解企业经营状况和财务状况，包括未来发展趋势和风险情况，并为用户做出决策提供重要的参考价值。

四是报告编制的可比性和稳定性原则：财务报告应当遵循一定的编制标准和规范，确保各期财务报告的可比性和稳定性，避免编制方法和标准的变化导致信息不一致。

五是利益相关者参与的原则：财务报告应当充分考虑不同利益相关者的需求和利益，包括投资者、债权人、员工、供应商、顾客、政府等，让不同的利益相关者参与财务报告的编制和分析过程。

新时代财务报告分析方法的改进和创新需要遵循以上原则，以提高财务报告的信息质量和分析实用价值，促进企业经营和社会经济的健康发展。

（二）财务报告的改进

第一，提高现行财务报告在经济发展中的适应性。为提高现行财务报告在经济发展中的适应性，可以采取以下改进措施。

一是加强财务报告标准化建设。制定和完善财务报告标准和规范，明确财务报告的编制要求和程序，规范财务报告的内容、格式和披露方式，提高财务报告的可比性和可读性。

二是强化企业信息披露要求。要求企业在财务报告中充分披露重要信息，如经营策略、风险管理、关联交易、资本结构、股东权益等，加强企业信息披露的透明度，提高投资者的决策效率。

三是推广非财务指标的应用。在财务报告分析中，应结合非财务指标进行分析，如市场占有率①、客户满意度、员工满意度等，以补充财务报告中存在的局限性。

四是引入数据挖掘和人工智能技术。利用数据挖掘和人工智能技术，对海量数据进行分析和挖掘，从而深入挖掘企业的潜在价值和风险，提高财务报告分析的效率和准确性。

五是改进财务报告分析方法。发展新的财务报告分析方法，如基于风险管理的财务报告分析、基于价值驱动的财务报告分析等，从不同角度对企业的财务状况进行分析，以更好地指导企业经营决策。

第二，最大限度满足财务报告使用者的需求。针对新时代财务报告的局限性，可采取以下五种改进措施。

一是加强与财务报告使用者的沟通交流，了解使用者对财务报告的需

---

① 市场占有率就是市场份额，指一个企业的销售量（或销售额）在市场同类产品中所占的比重。市场份额在很大程度上反映了企业的竞争地位和盈利能力，是企业非常重视的一个指标。

求和期望，及时反馈使用者的反馈意见，并根据反馈进行改进。

二是强化财务报告的信息披露，提高信息的透明度和准确性，尽可能满足使用者对信息的全面性和深度的需求。

三是增强财务报告的解释性和分析性，注重对报表中数据的解读和分析，为使用者提供更多有价值的信息。

四是加强与国际财务报告准则的对接，借鉴和吸收国际先进的财务报告编制经验，适应国际市场需求，提高财务报告的国际化水平。

五是鼓励财务报告编制者和使用者之间的互动和合作，共同探讨财务报告的改进和创新，实现财务报告编制与使用的良性互动。

第四章

财务会计的监督与管理

第一节　财务会计监督的主要内容

一、规范岗位职责权限

这一要求的目的在于，通过对办理经济业务事项和会计事项的有关人员的岗位、责任进行合理划分，预防和及时发现相关人员在履行职责过程中可能出现的错误和舞弊行为。

单位内部会计监督制度应有如下规定。

第一，经济业务事项的办理、记录以及资产的维护、保管等应该指派给不同的个人或部门。比如，采购部门人员应负责签发采购单，会计部门应记录已收到的货物，仓库管理人员应负责该货物的保管工作。在记录每项采购业务之前，会计人员应该确定采购业务是否符合职责规定或者已经获得授权，所采购的货物是否已经实际收到。会计记录应当为明确已存于仓库的货物的保管责任提供依据。

第二，办理经济业务事项各个步骤应该指派给不同的人员或部门。比如，在进行销售业务时，应当将销售业务的审批、销售业务的执行、订货单的归档、货物的发运，以及开账单给顾客等工作派给不同的人员。

第三，会计工作的责任应该划分。比如，应收账款的总账和顾客明细账应当由不同的人来记录；记录现金收入和支出的人员不应负责调节银行账户；资产保管应该与资产会计记录的掌管相分离；付款凭单的批准应该与支票的签发相分离。

二、规范重大事项决策和执行机制

这是对单位的负责人和主要经营管理人员或者部门所做的约束。单位的日常经营活动和运作，主要依靠明确各有关人员和部门的职责、权限来保证。对于并不经常发生的单位重大的经济业务事项则需要严格规范程序来保证其科学性和可行性，以防止独断专行带来的风险。单位内部会计监督制度应当有如下规定。

第一，除重大对外投资、资产处置、资金调度以外，所有对单位的经营管理和发展有重大影响或者产生风险的借贷、交易、担保、往来等经济业务事项都应该纳入重大业务事项的范围。

第二，重大经济业务事项的决策人员和执行人员应该实行分离，不允许决策人同时又是执行人，应该使决策在一定范围内具有透明度，使决策在监督之下做出和执行。

第五，重大经济业务事项的决策和执行应该有固定的程序，每一步骤要有一定的条件，并办理相应的手续，留有文字记载和依据，会计机构、会计人员依此办理会计事项。

三、规范财产清查监督机制

财产清查是单位内部会计监督制度的一项重要内容。单位的会计机构、会计人员通过填制、审核会计凭证，登记会计账簿，记录和反映单位的资产、权益的增减变化和结果。因此，账簿记录与财产物资的实际结存应该保持一致。但是，在实际工作中，由于各种主客观原因，存在着账实不符的情况。如检验、计量不准确，自然损耗、自然灾害、意外损失，或者因保管不善造成损毁，以及贪污、盗窃，账簿中错记、漏记等原因都会使账实不符。为了确保会计资料的真实、完整，保证单位财产物资的安全、完整，一方面要建立健全岗位责任制，加强监督管理，另一方面必须建立财产清查制度，通过对本单位各项财产物资、现金的实地盘点，以及对银行存款、债权债务等往来款项的核对，查明某一时点的实际结存数与账面余额是否相符，即账实是否相符。

财产清查是单位及时发现问题、查找原因、落实或者追究责任、严格管理的重要手段。因此，单位内部会计监督制度应当根据本单位的性质和经济业务范围，对本单位的财产清查做出规定，明确多长时间进行一次全面的清查，一般至少应该一年一次。

1. 财产清查期限

明确每个会计年度进行几次全面清查、局部清查、专题清查，以及清查的具体时间安排。另外，对于必须进行财产清查的特殊情形也应该规定清楚，如本单位发生撤销、改组、合并以及租赁、承包和产权变动的情况；或者发生自然灾害、意外财产损失的情况；或者出现有关人员调动更换，以及财政、税收、审计等部门进行会计检查的情况。

2. 财产清查程序

财产清查的步骤安排及有关部门和人员的职责权限应当规定清楚，相互之间应该形成监督和制约的关系。

四、规范会计资料内部审计制度

对会计资料定期进行内部审计，对于本单位的会计工作和经营管理具有极其重要的作用，是单位内部会计监督制度中不可或缺的内容。一是通过对会计资料的审查、评价，使其与本单位的经济业务事项相符，保证会计资料的真实、完整；二是通过发现和揭露经济活动中的错误和弊端，保证国家财经法纪的严肃性和统一性；三是通过对单位财产物资的进出、保管、使用情况的检查，查明账实不符、保管不善、维护不力、丢失毁损等情况或行为，保护单位的财产安全和完整；四是通过监督、检查发现本单位经营管理上存在的问题，提出改进意见和建议，促进本单位的经营管理的改善与加强，提高经济效益。

因此，《中华人民共和国会计法》（以下简称《会计法》）规定，单位的会计资料必须定期进行内部审计。这就是说，在单位内部必须设置独立的内部审计机构或人员，而且要保证其为发挥作用所应该具有的检查会计资料、资金和财产的权力；调查经济业务事项及有关情况，索取有关文件、证明材料的权力；对严重违反财经法规、严重损失浪费的行为，行使临时制止的权力；以及提出有关意见和建议的权力。在单位内部会计监督制度当中，还必须结合本单位的经济业务性质，对内部审计的办法和程序做出明确规定，以满足发挥内部审计作用的需要。

第二节　财政部门的监督

一、财政部门颁布的法律规定

《会计法》第三十二条规定："财政部门对各单位的下列情况实施监督：（一）是否依法设置会计账簿；（二）会计凭证、会计账簿、财务会计报告和其他会计资料是否真实、完整；（三）会计核算是否符合本法和国家统一的会计制度的规定；（四）从事会计工作的人员是否具备从业资格。在对前款第（二）项所列事项实施监督，发现重大违法嫌疑时，国务院财政部门及其派出机构可以向与被监督单位有经济业务往来的单位和被监督单位开立账户的金融机构查询有关情况，有关单位和金融机构应当给予支持。"

各地方政府也出台了相关规定。如《山东省实施〈中华人民共和国会计法〉办法》第二十条规定："财政部门依法对单位下列事项实施监督、检查：（一）是否依法设置会计机构、配备会计人员或者委托代理记账；（二）会计人员是否取得会计从业资格证书并依法履行职责；（三）开立账户是否符合法律、法规和会计制度以及相关制度的规定；（四）是否依法设置会计账簿；（五）是否按照会计制度规定进行会计核算；（六）会计凭证、会计账簿、财务会计报告等会计资料是否合法、真实、准确、完整；（七）单位负责人或者其他人员有无对依法履行职责的会计人员进行打击报复；（八）法律、法规、规章规定的其他事项。"这是对财政部门实施会计监督的法律规定。

二、财政部门会计监督职责

财政部门监督会计工作，是有效管理会计工作的重要保证。《会计法》第七条规定："国务院财政部门主管全国的会计工作。县级以上地方各级人民政府财政部门管理本行政区域内的会计工作。"《会计法》在授权财政部门管理会计工作职权的同时，赋予财政部门对会计工作的监督权和行政处罚权，有利于保证财政部门管理会计工作职权的有效实施。应当强调，法律赋予财政部门对会计工作的管理权、监督权、行政处罚权，不能只看作一种权力，更应看作财政部门必须履行的法定义务和责任，财政部门疏于管理与监督，甚至滥用职权，都是法律所不允许的，应当承担法律责任。

三、财政部门会计监督内容

《会计法》在明确国务院财政部门作为全国会计工作的主管部门，以及地方人民政府财政部门作为本行政区域内会计工作的管理部门的同时，又将财政部门实施监督的内容以法律的形式确定下来，强调任何单位都不得拒绝，以保证财政部门的监督职能落到实处。

（一）监督依法设置会计账簿

会计账簿是会计机构、会计人员办理会计事务、进行会计核算的中心环节。没有会计账簿，反映单位各项经济业务事项的会计凭证就得不到审核、监督和整理、归纳、分类、汇总，单位各项资产和权益的增减、变动情况与结果就得不到反映，就不能形成会计核算。这不仅影响到单位自身的经营管理，也使与单位有经济关系的各方面的利益得不到保证。因此，各单位必须设置会计账簿。然而，会计账簿的设置并不是任意的，必须依法设置，这是财政部门实施监督首先要解决的问题。

首先，依法设置会计账簿是指设置会计账簿必须规范，符合法律、法规和国家统一的会计制度的要求。《会计法》规定，各单位必须依法设置会计账簿；会计账簿包括总账、明细账、日记账和其他辅助性账簿。《中华人民共和国中外合作经营企业法》规定，合作企业必须在中国境内设置会计账簿；《中华人民共和国中外合资经营企业法》规定，合营企业的一切自制凭证、账簿、报表必须用中文书写；《中华人民共和国外资企业法实施细则》规定，外资企业的自制会计凭证、会计账簿和会计报表，应当用中文书写。

其次，会计账簿的设置必须符合统一的原则，即进行会计核算，反映本单位经营业务和资产权益状况的会计账簿只能是依法设置的，不允许违法设立"两本账""多本账"。这样才能保证将单位会计账簿置于各方会计监督之下。《会计法》明确规定，各单位发生的各项经济业务事项应当在依法设置的会计账簿上统一登记、核算，不得违反《会计法》和国家统一的会计制度的规定，私设会计账簿登记、核算。《公司法》规定，公司除法定的会计账册外，不得另立会计账册。《中华人民共和国商业银行法》规定，商业银行不得在法定的会计账册外另立会计账册。

最后，依法设置会计账簿是指不得设置虚假的会计账簿，虚假的会计账簿是指虽然会计账簿只有一套，但是，其记录的内容却是虚假的，设置的目的就是掩盖不按《会计法》和国家统一的会计制度办理会计事务、进行会计核算的行为。

财政部门要按照上述三个标准对各单位是否依法设置会计账簿进行监督。

（二）监督会计资料的真实性

这是财政部门监督的重点，根据《会计法》的规定，财政部门应当从以下四个方面对会计凭证、会计账簿、财务会计报告和其他会计资料进行监督。

第一，检查各单位应当办理会计手续、进行会计核算的经济业务事项是否在会计凭证、会计账簿、财务会计报告和其他会计资料上得到了反映。这样的经济业务事项有：款项和有价证券的收付；财物的收发、增减和使用；债权债务的发生和结算；资本、基金的增减；收入、支出、费用、成本的计算；财务成果的计算和处理以及根据有关规定需要办理会计手续、进行会计核算的其他事项。上述任何一项经济业务事项如果没有得到反映，那么会计凭证、会计账簿、财务会计报告和其他会计资料就是不完整、不真实的。

第二，检查各单位填制的会计凭证、登记的会计账簿、编制的财务会计报告与实际发生的经济业务事项是否相符。如果有虚假的经济业务事项存在，就是不真实、不完整的。在会计凭证、会计账簿、财务会计报告中，会计账簿居于核心的地位，要特别检查会计账簿记录与实物、款项的实有数是否相符，会计账簿记录与会计凭证的有关内容是否相符，会计账簿记录与会计报表的有关内容是否相符，会计账簿之间相互对应的记录是否相符。如果存在差异或矛盾，就必然是不真实、不完整的。

第三，检查各单位的财务会计报告是否符合有关法律法规和国家统一的会计制度的要求。如果向财务会计报告的不同使用者提供的财务会计报告是以不同的依据编制出来的，或者应当说明和披露的事项（如单位提供的担保、未决诉讼等或有事项）没有说明和披露，就可以认为这样的财务会计报告是不真实和不完整的。

第四，检查其他会计资料是否存在虚假。这里的"其他会计资料"是指对本单位的经济业务事项起着证明作用的有关资料。如合同书、董事会决议、授权书等，对这些会计资料也应当重视，往往能够在其中发现虚假的和违法违规的行为。

（三）监督会计核算是否满足会计制度的规定

会计核算的过程，就是以货币计量为基本形式，用专门的方法对经济业务事项进行记录和计算，并据以编制财务会计报告的过程。财政部门对各单位的会计核算进行监督，主要应该注意以下三个方面的问题。

第一，从内容上，检查经济业务事项是否完整，会计核算是否是根据实际发生的经济业务事项进行的，是否存在虚假的经济业务事项和资料。

第二，从记账规则上，检查会计凭证的审核、会计账簿的记录、财务会计报告的编制以及其他会计资料的取得和使用，包括使用电子计算机进行会计核算所使用的软件及其生成的会计凭证、会计账簿、财务会计报告和其他会计资料，是否符合国家统一的会计制度的规定；检查会计记录的文字和记账本位币是否符合规定；检查会计账簿是否是根据经过审核的原始凭证和记账凭证登记的，财务会计报告是否是根据会计账簿的记录编制的。

第三，从会计处理上，检查资产、负债、所有者权益和收入、支出、费用、成本、利润的确认、计量和会计处理方法是否符合国家统一的会计制度的规定。

（四）监督会计工作人员的从业资格

财政部门应该从两方面进行检查：

第一，检查被监督单位从事会计工作的人员是否取得了会计资格证书；

第二，检查被监督单位会计部门的负责人，包括会计主管人员是否具备会计师以上专业技术职务资格或者从事会计工作 3 年以上的经历。

四、财政部门会计监督方式

《会计法》规定，财政部门在对各单位会计凭证、会计账簿、财务会计报告和其他会计资料实施监督时，发现有重大违法嫌疑的，国务院财政部门及其派出机构可以向与被监督单位有经济业务往来的单位、被监督单位开立账户的金融机构查询有关情况，有关单位和金融机构应予以支持和配合。

会计凭证、会计账簿、财务会计报告和其他会计资料主要以货币为计量尺度，在会计资料中主要反映的是价值量数据。查证会计资料中的价值量数据是否真实、完整，必须实地核实会计资料所反映的实际经济业务事项，包括财产实物增减变化情况、银行账户的实有资金及往来记录、与经济业务事项有关的合同等。核实财产实物、合同等，一般是在被监督单位进行，较为简单。而核实被监督单位与有关单位的经济业务往来，以及被监督单位在银行开立账户的资金情况，则涉及被监督单位以外的其他单位和金融机构，需要有关单位和金融机构的配合。因此，《会计法》规定，财政部门在对会计资料质量实施监督，需要有关单位和金融机构支持时，有关单位和金融机构应给予支持，这是一项法定义务。但是，财政部门在行使查询权时是附有限制条件的，根据《会计法》规定：一是只有在财政部门对会计凭证、会计账簿、财务会计报告和其他有关资料实施监督，发现有重大违法嫌疑时，才能行使查询权，以避免少数监督人员滥用职权，侵犯被监督单位和其他有关单位的合法权益；二是行使查询权的财政部门应当是国务院财政部门及其派出机构，即财政部和财政部派驻的监督机构，除此以外，地方各级人民政府财政部门及其派出机构无权行使查询权。各地财政部门应当严格执行《会计法》的这一规定。

第三节　公共预算监督

目前，在我国的公共预算监督体系中，预算监督的主体仍以权力机关和政府的财政、审计部门监督为主。

一、立法机关监督

我国宪法确立了国家权力机关即各级人民代表大会及其常务委员会行使国家立法权、审批和监督政府预算的制度，因此，对政府预算的编制和执行情况的监督就成为人大对政府行为的一项最重要的监督。其监督的主要内容如下。

（一）监督政府预算编制

对政府预算编制进行监督应当本着真实性、合法性、效益性和预测性的原则进行。长期以来，由于我国政府预算编制时间很短，内容很粗糙，各级人大很难提前介入进行监督，只能粗略地审查财政收支大账或若干大项，对那些需要详细了解掌握的细目和大项的具体收支内容却无法把握，致使人大的监督流于形式，仅仅限于对预算的批准程序，而无法对政府预算的实质性内容进行有效的监督。随着社会主义市场经济体制的建立和发展以及财政改革的不断深化，人大对政府预算编制时效的监督越来越重视，并且将预算编制监督的重点放在了预算编制的合理性、科学性和有效性上。这个前提要求政府预算要细化，要编制部门预算，并将预算编制时间提前，以便人大提前介入对预算进行详细审查。

（二）监督预算调整

根据我国预算编制的制度，政府预算是在预算年度初制定的。但在一个预算年度的执行过程中，经常会出现一些特殊情况或突发事件需要临时调整和变更预算。根据《中华人民共和国预算法》（以下简称《预算法》），进行预算调整，必须经本级人民代表大会常务委员会批准。但在实践中，即使没有突发事件，或者确实不可克服的因素，也经常存在着对预算进行调整和变更的情况。人大对预算调整和变更的监督，主要是对一般可变性因素进行严格的控制，对政府提出的预算调整和变更要求进行认真审查，避免政府预算变更中存在的随意性，确保通过监督，督促、规范政府事权和政府行为。

（三）监督政府决算

对决算的监督是对预算监督的继续，预算监督的一切情况都将在决算中反映出来。对决算的监督主要是检查经人大批准的决议是否都已执行，财政部门是否按人大批准的预算给部门和单位及时拨付资金，资金的投向、结构是否合理，使用中是否存在截留、转移、挪用、浪费等问题。另外，人大对决算的监督还包括：决算结果与预算是否相符，决算数额是否真实、准确，有无重报、漏报和虚报等情况。其监督的重点集中在收入、支出和平衡三个方面。

一是收入方面。对决算收入的监督主要应考察决算收入是否真实，收入来源是否合法、合规；根据分税制财政体制的规定，各项决算收入级次划分是否正确、真实、合法；各项收入的征收、入库是否真实、合法。

二是支出方面。对决算支出的监督主要应考察支出是否按预算执行，是否符合国家的政策、法规和制度，有无扩大范围、超预算、超财力支出；主要支出列报决算的依据是否充分、可靠、有效，与预算安排是否相符；列报决算的基础是否真实、合法、合规；各项支出是否取得了预期的经济效果和社会效益，支出决算是否超预算，超预算的原因何在；预算所确定的项目是否真正做到了专款专用；各项支出调整追加的指标是否合理、合规；有无虚列或扩大支出或隐瞒开支等。其中，各项支出是否取得了预期的经济效果和社会效益应为监督的重中之重。

三是平衡方面。我国现行的《预算法》把坚持收支平衡作为预算编制和预算执行的一项基本原则。应通过审查总决算表来审查财政收支决算是否符合国家的统一规定。特别要对审查"当年预算数""调整预算数""调整后预算数"的来源是否有根据，调整手续是否符合程序，手续是否完备等方面给予重视，以期从根本上提高人大及其常委会对政府预算监督的质量。

二、审计部门监督

（一）审计预算编制

一是监督政府预算收支是否贯彻了党和国家的各项方针、政策以及国务院、财政部关于编制预算草案的指示精神。

二是监督政府预算收支安排是否符合国民经济和社会发展规划目标以及政府预算指标的要求。

三是监督政府预算收支安排是否符合分税制预算管理体制的各项规定和具体要求。

四是监督政府预算编制的内容是否符合要求、表格资料是否完整、预算说明是否齐全、有无技术上和数字上的错误等。

（二）审计预算执行

一是审计预算收入、预算支出、预算拨款等原始凭证以及金库报表，检查预算收入来源和规模，预测支出的方向和用途，分析各种比例关系，监督政府预算收支的真实性。

二是通过将预算收支完成数与年度预算数和上年同期完成数等进行对比、分析，从而审计政府预算收支的完成情况。

三是审计地方政府和财税部门有无越权违规进行税收减免。

四是审计中央和地方各级政府及财政部门拨付的各项亏损补贴资金落实到位情况，有无应拨未拨等问题。

五是审计预算执行中的调整是否符合规定，包括进行预算调整的程序、资金来源是否符合规定等。

（三）审计决算

一是审计政府决算的完整性、准确性。

二是审计政府决算收支平衡的真实性。

三是审计预算内外资金的界限是否划分清楚。

四是审计上、下级财政结算资金是否符合规定，计算是否准确。

五是审计有关政府决算报表及总决算说明书等。

（四）审计预算外资金

一是审计预算外收入的取得是否符合有关规定，有无乱收费现象。

二是审计预算外资金是否进行了财政专项存储，实行专款专用。

三是审计预算外资金结余的真实性，看预算外资金结余是否合理地调入预算内平衡决算，各项专款结余是否按规定结转下年继续使用等。

（五）审计政府性基金

一是审计政府性基金的种类是否在国家已批准成立的范围之内。

二是审计政府性基金的征收规模、使用规模及各种比例关系。

三是审计政府性基金的来源和征收标准及征收范围，有无挤占一般预算收入。

四是审计政府性基金的使用是否做到了专款专用，有无转移、挪用和损失浪费的现象。

五是审计政府性基金的管理情况，看是否存在管理松弛、制度混乱、预算内外混淆等问题。

第五章

财务会计的内部控制系统

第一节　财务会计内部控制制度建设

一、财务会计内部控制现状分析

（一）预算与执行有待改进

企业进行财务预算时并未根据企业的战略目标制订好规划，同时短期的财务预算和长期的财务预算间出现了不相适应的情况，不同时期的财务预算也不能做到很好的衔接。在预算的制订和执行的过程中，还出现了一些部门为了能够占用企业内更多的资金，把财务预算编制得很高，超出实际所需要的额度的情况。

同时，一些部门领导在财务部门编制财务预算时，非常不配合，在他们看来，财务预算的相关事项应该完全由财务部门来做，用不着自己的部门花费时间和精力。这就使财务部门无法详细了解各部门的情况，从而无法根据各部门的实际情况，制订出科学合理的财务预算。没有合理的财务预算，各部门就不能严格执行财务预算。而且，财务预算在执行时缺乏强有力的监督，某些集中的支出，通常是由领导个人拍板决定，而并非提前经过了科学合理的财务预算。这些因素都使财务预算的实施过程不够科学合理，往往流于形式，最终财务预算无法在企业的运营过程中发挥应该具有的作用。

（二）资金控制制度仍存在不完善现象

一些企业的管理者，尤其是一些管理制度不够完善的中小型企业的管理者，往往资金控制意识比较薄弱，他们意识不到资金控制和企业发展之间的联系，因此无法积极制定严格的控制制度和措施。资金控制制度不够完善，措施不够合理，会使企业内部资金管理出现不够明确和失控的现象。一些企业中的资金往往由领导个人把控，领导对于资金的使用有绝对的控制管理权。财务人员对于领导特批的资金使用，往往也是听之任之，这就使企业资金易于流失。

此外，企业的资金管理也存在其他方面的问题。比如很多企业内部持有过量的现金，虽然现金是一种流动性很强的资产，在企业日常经营活动中便于企业进行直接使用，但是现金的获利能力非常差，如果持有过量的现金，将不利于企业进行投资活动，企业无法获得更大的利润。资金的管理和使用效率低下，也能反映出企业资金管理的混乱。

（三）内部监督作用未得到有效发挥

目前，我国已经设置了社会监督和政府监督机制来监管企业，但以上两种监督管理机制都属于外部监督，且企业对于外部披露的信息有限，外部监督难以完全发挥作用，也甚少触及企业的财务方面，因此监督的效果可以说是让人不甚满意。而大部分的企业并未在内部设置专门的审计部门。在那些少数设置了审计部门的企业中，在大多数情况下，这些部门也不能有效发挥作用，其存在往往流于形式，甚至成为无用的摆设，因此不能有效监督企业的财务状况。企业内部监督不到位，就会使企业无法辨别会计资料的真实性，造假的情况也就会发生。

（四）成本控制未实现成本效益最大化

一些企业的管理者认识不到成本管理对于企业的经营和发展是多么重要，他们只会尽可能降低企业的总成本，把成本最低化看作自己的经营目标。对于产品的质量、企业的竞争力没有做到合理考量。因此他们没有对企业的各项花费做效益评估，从而无法使成本的管理目标和企业的发展战略达到一致。

如果企业只考虑降低成本，那么这种想法可能会在短期内为企业节省一笔不小的开支。但是从长远的角度来看，短期的成本优势不应该成为企业追逐的目标，只有进行合理、长远的规划，企业才能够实现自己的战略目标。企业管理者对于成本管理的重视度偏低，会使企业无法规划短、中、长期的成本管理发展方向，也不能结合企业的日常经营活动、发展总目标和外部环境做出一定的调整，企业无法把具体、科学的成本管理措施落实到位，也没有设置专门的人员负责此项任务，从而企业对于成本管理任务只能是一头雾水地盲目实行，这非常不利于企业发展。

二、财务会计内部控制制度的完善对策

（一）健全内部控制制度

企业需要严格按照《会计法》的要求来制定企业内部的财务管理制度，同时要不断完善内部财务机制，保证企业的财务管理处于有效的监督控制下。同时，企业应该建立财务控制责任制，对于各个职能部门和相关岗位进行明确、具体的分工，使员工各司其职且对自己的任务负责；各部门员工要相互协作、相互制衡；要建立完善的奖惩制度，对于财务控制情况良好的部门要进行一定的激励，对于财务控制情况较差的部门要采取相应的处罚措施。这样才能保证每个部门、每名员工都能做到对企业各项资产进行合理的分配和有效的使用，使企业能够做到规范、有序地运行。

（二）强化管理财务预算

没有预算就没有成本的管理。预算即通过设置一定的数量和金额来反映企业在未来某一段时间内的经营和投资等事项，这一过程是建立在预测和决策的基础上的，它应该是具体、详细、科学的。美国著名管理学家戴维·奥利（David Otley）指出，全面预算管理是为数不多的能把组织的所有问题都融合于一个体系中的管理控制的方法之一。由此可见，要想做到对企业的有效控制，就必须做好企业的财务预算工作。

第一，要划分好财务部门的具体的职责。

第二，要根据企业的实际情况来选择合适的预算管理模式。

第三，要做好预算管理的各项基础工作，不断优化财务管理的收支体系，进一步细化会计科目，使每笔收入支出都能够合理有据地被划分到适合的会计科目中。要尽可能地展现企业的各项经营活动情况，使企业的财务管理更加科学和规范。

（三）强化对资金的管理

企业需要根据本公司的具体情况，制定合适的资金使用制度，对于资金的分配要做到合规、合理，从而最大限度保证使用效率。任何人都不可以无视资金管理规定越权使用资金，要保证企业资金的安全性。如果要支出资金，首先需要获得相关负责人的审批签字，同时要做好支出记录，从而保证责任明确具体到人，若有滥用情况，可以及时追回资金并追究责任。企业需要根据自己的发展状况来进行合理的投资规划，防止因盲目行动而增加资金使用成本。

（四）强化内部审计

企业应该建立独立、完善的内部监督机构和审计体系，加强对内部会计的监督，从而保证企业会计信息的合法性和真实性。同时，要做好对企业内部控制措施的实施情况的检查。

任何企业都应该重视本企业内部的审计工作，因为审计可以帮助企业及时发现财务管理中的各项问题，使企业及时改正。对于内部的审计工作应该做到全方位、全过程覆盖，对任何一项费用的产生、任何一笔出入账，都要详细地审计。同时，审计应该在事前、事中、事后均采取对应的措施进行控制管理，从而纠正一些违反规定的行为。企业要注重对于审计人才的培养，要筛选并培养具备财会、法律、审计等知识的综合素质人才，同时加强内部审计人员的职业培训，使他们在具备专业素养的同时还能始终坚持职业原则。

第二节　财务会计内部控制的问题与策略

一、内部控制的问题分析

（一）意识较为薄弱

近年来，国家为了扶持企业发展，鼓励更多人创新创业，出台了许多税收优惠政策。政府强有力的扶持使很多企业得到了迅猛发展。然而，这些企业内部的控制管理制度的建设一直停滞不前，成为企业可持续发展的隐患。一些企业对于内部控制管理的了解并不深入，仍对于传统的管理模式比较满意，没有想过改进；还有一些人虽然认识到了内部控制的重要作用，但是受限于自身的领导能力和企业员工的文化水平，无法做到全面彻底的革新。

股东与管理层是一种委托代理的关系，一些管理人员更看重眼前的利益，对丁内部控制建设这种需要花费较长时间和大量财力、人力的事情，并不太重视。一些企业的内部控制管理仅停留在文件层面，管理人员制定好各类章程后并没有贯彻实行。此外，一些企业的部分员工对于内部控制缺乏深刻的认识，认为内部控制应该是管理者要考虑的事情，与基层员工没什么关系，甚至有的人还会抵触排斥。企业的管理层和普通员工都没有对内部控制给予重视，因此企业的内部控制未能形成全员参与的良好局面。

（二）内部控制缺乏行动力

企业在进行经营时会遇到各类问题和风险，如果不能提前设置好控制措施，没有相应的控制活动，那么企业将面临破产倒闭的风险。内部控制应该由董事会进行商讨决议，但是目前一些企业中的董事会形同虚设，本

该共同决议的事项往往由某一股势力单独把控，这非常不利于内部控制的
建设。

目前，一些企业把不相容的各项职务划分为不同的职位，由不同的人
来担任，但是这些岗位间的独立性不强，因此内部控制的作用不强。还有
一些企业为了节约人力成本，常常使一人兼任多个职位，甚至没有做到形
式上的分离，内部控制实际能产生的效果甚微。此外，一些事务的授权、
审批制度不完善甚至没有，也使内部控制发挥不了作用。

二、内部控制基本策略

（一）强化内部控制意识

想要内部控制达到一个较高的水准，需要企业内部拥有良好的内部控
制意识。培养企业的内部控制意识要从国家、企业和员工三个方面入手。
站在国家的角度，政府的相关职能部门要能充分认识到企业内部控制的重
要程度，要制定相关的法律法规政策，充分发挥引导作用，为企业加强内
部控制提供一个良好的发展环境。从企业角度来说，各个企业要遵守国家
相关的法律规定，积极贯彻国家政策，努力建立和完善企业的内部控制制
度和体系，从而最大限度地发挥内部控制的作用。从员工角度来说，企业
能否严格实行内部控制，关键在于企业各员工是否具有良好的内部控制意
识。要想达到良好的预期效果，管理层要起带头示范作用，同时要加强对
员工内部控制意识的培训，营造积极、健康的工作氛围，促进员工自觉贯
彻诚信、负责的职业素养。

目前，一些企业的管理者没有深入学习过专业的企业管理理论，这可
能使他们对企业的发展方向把握不够准确，从而造成一些不必要的损失。
企业领导者是否具有完善的内部控制意识和知识，在很大程度上决定了企
业内部控制的效果。因此，企业要想更好地发展，首先要做到的是提高领
导层的素质和内部控制意识。同时，要把内部控制意识作为一种企业文化
灌输给企业的每名员工，增强员工的素养和意识，从而使企业上下一条

心，为企业的发展做出贡献。

（二）改善企业环境

企业控制环境即对建立加强或削弱特定政策、秩序及其效率产生影响的各种因素，包括董事会、企业管理者的素质及管理哲学、企业文化、组织结构与权责分派体系、信息系统、人力资源政策及实务等。实际上，企业控制环境可以看作一种氛围，可以通过企业文化的塑造进而影响员工的控制意识，从而提高员工自觉遵守并进行内部控制的积极性。控制环境的好坏可以直接影响企业是否能实现自己的经营目标和战略目标。上市企业要建立独立运作的董事会、监事会、总经理班子，同时要把以董事会为主体和核心的内部控制机制贯彻落实到底。

第一，要完善董事会博弈规则的建设，要让董事会发挥真正的作用，能够切实保证各股东和其他利益集团的权益。

第二，加强对国内经理人才的挖掘培养，完善控制、约束、监督和激励经理人员的政策制度。

第三，要塑造健康、积极的企业文化氛围，加强对企业管理层人员的管理风格、操守、价值观的正确引导，要让全体员工都能够自觉遵守国家的法律法规和企业章程规定，坚守职业道德，共同维护企业的利益。

第四，加强组织结构建设，各部门和各类事务之间要做到权责明确，互不干涉，同时要建立高效的信息沟通渠道，从而更好地促进内部控制的建设。

（三）完善内部审计

企业应该建立内部审计部门，部门的人员配置和审计机制应该按照本企业的实际情况来进行设置。审计部门要和其他部门保持独立，不能让其他部门干涉审计部门的工作，同时要加强对审计部门员工的专业知识、职业素质和道德的培养。审计部门要每隔一段时间对企业的内部控制系统进行检查评估，如果有任何的风险和漏洞，应该及时上报领导进行处理，领导批复意见后，审计部门要及时下发整改意见给各个部门，督促部门进行整改，从而保证内部控制系统的高效运作。

企业的内部控制系统要进行定期的自我评估。评估即对系统的有效性和效率进行监督审核，以便企业了解自身的运作情况。

（四）推动实现信息沟通

企业信息系统处理的信息包括外部信息、内部信息、活动信息和环境信息等。信息系统是企业内部控制系统的重要组成部分，有助于企业了解自身内部的情况，提高内部控制的效率和效果。及时、有效的信息可以帮助员工积极、及时地履行岗位职责。

高效、透明的信息系统能够使企业中的每个人明确自己的岗位职责，并各司其职。员工不仅了解自己所在岗位的职责，还能清晰地知道本岗位和其他岗位间的联系，同时在处理日常业务时，对于产生的问题和原因也能够有预估。信息系统想要发挥百分之百的作用，不仅要能上下沟通，还要能够横向沟通以及和外界沟通。

企业要想建立完善的内部信息沟通系统，需要建立完善的信息处理系统。信息只有被及时、准确地处理，才能高效地进行流通，从而企业的信息安全才能有所保障。比如说，企业可以建立网上的信息查询系统，有了此系统，便可以使查询更加高效便捷，同时也能防止出现信息不对称现象。此外，企业的管理层也需要积极地宣传和引导，在企业中打造良好的风险控制意识氛围，从而进行高效的内部控制。因此，信息的内部沟通体系建设是进行企业内部控制建设的关键之举。

（五）完善内部控制制度

科学完善的理论体系能够为企业建设内部控制制度提供良好的理论支持。内部控制在设计过程中要遵循三个原则，分别是信息化原则、系统性原则和标准化原则。企业的经营管理离不开信息的传递和使用，因此企业要建立完善的制度，为企业内部信息传递的高效性和透明性提供保障。要想使内部控制制度具有系统性和标准性，制度的建设可以由内部人员完成，也可以向外寻求专家的帮助。内部人员进行建设的好处是其更了解企业内部的情况，在很大程度上可以节省时间成本和金钱成本；而外部专家通常经过专业的培训，经验更加丰富。如果能使内部人员和外部专家合作完善内部控制制度，那就可以做到扬长避短。

要想建立内部控制制度，首先要做的是了解企业的背景和主要业务，根据企业的实际情况来分析问题，给出合适的结论和建议，进一步拟定制度，从而确定最终的方案。要想了解企业背景，可以从企业发展历史概况、主要经营业务、组织状况、固定资产状况、财务状况和重要契约等方面入手。要想了解主要业务，可从企业主要的销售方式、结算方式、采用何种交货方式、有无委托代销的产品和销售、有无正式的合同契约等方面入手。在深入了解情况并进行专业分析后，再给出合理有效的建议。企业的内部控制制度涉及企业经营的方方面面，因此内部控制制度要做到全面而广泛的覆盖，大到部门、小到员工个人，上到管理层、下到基层，都应该贯彻落实好内部控制制度。

第三节　财务会计信息系统的内部控制与审计

一、财务会计信息系统内部控制

内部控制表现为企业为提高企业经营的效率、获得更大的利润而采取的一定的科学合理的监督管理措施，通常由企业的董事会、管理层和指定的人员实施。财务会计信息系统的内部控制包括一般控制和应用控制两方面。

（一）财务会计信息系统内部控制的基本目标

1. 做好资产损失的有效防范

如货币资金、应收账款、材料物品、固定资产、长期投资等主要资产的存取都应该经过授权后再进行操作，同时各项资产应该设置好各自的账户进行登记监管。此外，企业还要定期对各项资产的使用情况和状态进行管理和核查。

2. 保证业务记录合理有效

虚构的未发生的经济业务不能够登记入账，只有经过授权的且真正发生过的经济业务才可以登记入账。在合适的时候以适当的金额登记到适当的账户，即被正确地确认、计量。

3. 保证会计信息正确输出

财务信息系统需要根据公认的会计原则，及时、完整地进行会计信息的汇报，同时要编制好各项表格并进行建档。整体归档后的会计信息还要采取一定的保护控制措施，比如有专门负责的人员进行会计档案的管理、下发及回收工作。如果有人员需要查看和使用会计档案，那么每次都需要授权和登记，从而最大限度保证信息和档案的安全性。

4. 提供审计线索

在设计和开发电算化财务会计信息系统时，必须注意审计的要求，使系统在数据处理时留下新的审计线索。审计人员在电算化环境下能跟踪审计线索，顺利完成审计任务。

（二）财务会计信息系统内部控制的基本原则

1. 合法性

内部控制需要在法律法规的规定范围内进行操作，同时控制过程要经过政府有关监管部门的监管。

2. 全面性

内部控制需要全面，上到企业董事会，下到各个管理层和全体普通员工，都应有相应的控制措施。企业的各项业务和管理活动，从开始的策划到后期的执行、监督和反馈等各流程环节，都需要保证在内部控制的范围内进行。

3. 重要性

内部控制不仅要规划好全局，还应该突出控制的重点。对于一些重要的业务、高风险的领域，需要更加重视，采取更加严格的措施，防止出现重大问题。

4. 有效性

内部控制如果想要达到预期的效果，需要每名企业员工自觉地遵守内部控制制度。如果在制度执行过程中出现一定的问题，就可以及时发现和修正。

5. 制衡性

企业的机构、岗位设置和权责分配应当科学合理，同时能够满足内部控制的要求，不同的部门和岗位间都应相互制衡、相互监督、权责分明。负责进行内部监察的部门应该具备独立性，防止和其他部门产生营私舞弊的行为。企业应制定严格、科学的管理制度，任何员工都需要遵循制度，不能产生凌驾于制度之上的特殊权力。

6. 适应性

内部控制需要适应企业经营的业务范围、业务特点和具体的风险状况等。随着大环境的改变、企业业务的调整和管理方面的改进，内部控制同样需要做出相应的改变、调整和改进。

7. 成本效益

内部控制首先要达到的目标是必须足够有效，其次要达到的目标是使成本和效益达到平衡，从而保证在有效成本内实现高效控制。

二、企业内部控制在信息环境下的挑战

信息化能够促进企业内部控制提高效率，并且可以改变企业内部控制的运行环境、控制范围、控制重点和控制方式。这一变化使内部控制制度的设置并不十分完善的企业面临着更加复杂的挑战。

（一）数据安全受到挑战

以往的手工会计系统，是由纸质的原始凭证作为依据，上面有签字、盖章并且保留了文字记录，人们无法做到不留痕迹地篡改和伪造记录。而信息化时代，内部控制的重点从原来对人的控制转变成对人、计算机、网络等信息设备和环境的控制。

（二）身份识别难度提升

以往的手工会计系统，使经济业务从产生之际到最后形成完整的会计信息这一整个过程，都处于严格的监督下，每个环节都有不同对应权限的工作人员进行审核并签字或盖章，这在很大程度上可以避免产生造假和篡改会计数据的现象。但是信息化后，计算机成为连接每个步骤的关联点，身份识别和权限的控制难度也迅速增加。

（三）内部控制复杂性增强

一般情况下，当处于手工会计环境时，企业往往在设置会计岗位时会考虑相互制约，从而使整个会计工作能够按照规定的程序和要求完成，并且能够控制相互稽核的效果。比如说，如果工作在某一个地方出现了错误，那么后续进行审查复核工作时就可以及时发现并改正前面犯下的错误。而在信息化后，大部分的会计处理事项都是由计算机来完成，计算机所具备的功能使数据的处理呈现集中的特点，从而使传统的组织控制功能有所减弱。

（四）缺少复合型人才

在过去，会计人员仅凭借会计方面的知识就能够胜任工作。但是自从步入信息化时代后，会计行业对于从业人员提出了更高的要求，即企业会计人员不但要能精通本专业的知识，而且还要能熟练掌握网络知识和计算机操作技术。

从现在掌握的信息看，一些企业的会计业务较为简单，从业人员的素质相对不高，计算机操作熟练度有待提高，对网络知识的了解也不够深入。因此，企业非常缺少精通专业、懂得管理还能掌握足够信息技术的复合型人才。人才的缺乏，使信息化环境下实施内部控制出现了很大的阻碍和瓶颈。

三、一般控制的分析与研究

一般控制即对电算化财务会计信息系统的组织、开发、应用环境等方面进行的控制。建立一般控制，有助于促进会计信息系统进行业务活动的框架环境的搭建，同时能为系统内部的结构提供可以依赖的程序，有助于达到内部控制的整体目标。一般控制的类型主要有下面四种：组织控制、操作控制、硬件与软件控制、系统安全控制。

（一）组织控制

企业的组织结构决定企业内部各部门、各岗位、各员工之间的职责关系，因此企业的组织结构是一种内在的控制。在设计企业的组织结构时要充分考虑和实现职责分离的控制目的，合理划分不同岗位或员工的职责，尤其要分离不宜兼容的岗位职能。一般来说，一项完整的作业要由两个或两个以上的岗位或员工共同完成，以利于相互复核和牵制。

在合理的职责分工下，工作人员将难以舞弊。具有不同处理方式的财务会计信息系统，其组织控制的形式和内容也不同。对财务会计信息系统而言，其组织控制主要表现为以下两个方面。

一是职能部门与业务部门职责分离。财务会计信息系统职能部门直接负责管理、操作、维护计算机和财务会计软件系统，即只负责数据的记录、处理，而避免参与业务活动，具体包括以下六点。

第一，只有经业务部门授权或者业务部门的人员才能接触业务活动。

第二，职能部门无权私自改动业务记录和有关文件。

第三，所有业务过程中发生的错误数据均由业务部门负责改正或授权改正。

第四，只有在输入、加工或者输出过程中形成的错误才能够由职能部门改正。

第五，所有现行系统的改进、新系统的应用及控制措施都应由受益部门发起并经高级管理员授权，未经有关部门批准，业务部门无权擅自修改现有应用程序。

第六，所有资产的保管均不由系统职能部门负责。

《会计电算化工作规范》要求将会计岗位分为基本会计岗位和会计电算化岗位。其中基本会计岗位负责经济业务的确认、计量与报告，会计电算化岗位直接负责管理、操作、维护计算机和会计软件系统。

二是财务会计信息系统部门内部的职责分离。一方面，必须对系统设计、开发与会计数据处理明确分工。系统设计、开发只负责系统分析、设计、程序编码、调试、维护、数据库的设计与控制、编写用户手册等。数据处理只负责会计业务数据的处理和控制。系统开发与数据处理应由不同的人员承担。另一方面，为减少差错，防止舞弊，也应对数据准备、数据操作、文档管理等数据处理各环节进行一定的职责分离。当然，内部控制的方法与措施的有效性有赖于人员的执行，有赖于执行情况及时和真实的反馈。因此组织控制还应对人员进行考核及奖惩，如制定晋升制度，岗位轮换制度，定期休假制度，内部督查、审计制度等。

（二）操作控制

操作控制就是制定和执行标准操作规程，以保证财务会计信息系统运行的规范化、制度化和操作人员的合法化。操作控制的主要内容包括以下三个方面。

第一，财务会计信息系统的使用管理。应建立科学合理的机房管理制度，对设备的使用、程序的生效、文件的处置等制定出明确的规定，防止非指定人员进入机房操作财务会计信息系统，以保护设备、程序、数据的安全；制定数据文件的管理规则，包括数据文件的保留期期、存放地点、保管人员、使用控制等方面的内容；为提高数据的共享性、兼容性，还应建立软件使用制度，同时制定一些应对突发事故的补救措施。

第二，操作管理。制定规范的操作制度和程序，操作人员进行上机操作时要具备合法性、合规性，同时对于操作人员有哪些会计软件的操作权限、需要进行什么内容的操作，要进行明确、细致的规定。对操作权限进行控制意味着操作人员进行作业时，只能在系统限定的范围内进行操作，不能越权进行操作。系统在制定限制标准时，要做到科学、具体，从而最大限度保证操作系统的安全性。通常，操作权限的控制通过预先设置好的口令进行操控。每次工作完毕应及时做好所需的数据备份工作。

第三，运行记录制度。记录并保存财务会计信息系统操作和会计信息的使用情况，如记录操作人员、操作时间、操作内容、故障情况等。

（三）硬件与软件控制

硬件和软件控制是指为及时发现、查验、排除计算机故障，确保财务会计信息系统正常运行而采用的计算机硬件、软件控制技术和有关措施。

常用的计算机硬件控制技术有冗余校验、奇偶校验、重复校验、回波校验、设备校验、有效性校验等，通常由设备生产厂家负责实施。软件控制包括文件保护、安全保护机制和自我保护等内容。

1. 文件保护

文件保护主要通过设置、核对文件内部标签来防止对未经授权的文件进行使用和修改。文件内部标签是以机器可读的形式存储于磁盘或磁带中，一般占据文件目录的若干字节，以提供文件名称、文件编号、建立日期、所有者、进入口令、识别密码、文件记录数和保留日期等信息。

2. 安全保护

安全保护机制主要通过设立各类工作人员的存取权限，自动建立系统使用的人员及操作记录等来防止未经授权的系统使用。例如，某公司的财务管理软件产品就分别在系统级、数据库级、功能级、数据级、数值级五个级别设置了安全保护机制。

3. 自我保护

自我保护主要包括两个内容：一是系统开发和维护的控制与监督（如程序的编号、维护的授权，只有使用专门指令才能动用和修改现有应用程序等）；二是出错处置程序，当计算机的程序、设备或操作出现错误时，仍能继续正常运行，不死机。

（四）系统安全控制

通常，财务会计信息系统的安全从保密性、完整性、可用性三个方面予以衡量。保密性是指防止财务会计信息非法泄露；完整性是指防止计算机程序和财务会计信息的非法修改或删除；可用性是指防止计算机资源和财务会计信息的非法独占，当用户需要使用计算机资源时要有资源可用。因此，系统安全控制应涉及计算机和财务会计信息两方面的安全控制。系统的可靠性、信息的安全性以及信息处理的正确性均有赖于强有力的系统安全控制。

1. 计算机安全控制

第一，建立计算机接触控制。应严格控制未经授权人员进入财务会计信息系统的计算机所在机房，保证仅有授权人员可接触系统的硬件、软件、应用程序及文档资料；严格执行已建立的岗位责任制和操作规程，实施有效的上机授权程序。

第二，建立系统环境安全控制。要妥善选择财务会计信息系统的工作场地，配备必需的防护和预警装置或设备，同时还应预设必要的"灾难补救"措施，建立后备系统等。

2. 数据安全控制

数据安全控制的目标是做到在任何情况下数据都不丢失、不损毁、不泄露、不被非法侵入。通常采用的控制包括接触控制、丢失数据的恢复与重建等，确保一旦发生数据非法修改、删除，可及时将数据还原到原有状态或最近状态。数据的备份是数据恢复与重建的基础，网络环境下利用两个服务器进行双机镜像映射备份是备份的优选。

3. 网络安全控制

网络安全性指标包括数据保密、访问控制、身份识别、不可否认和完整性。具体可采用的安全技术主要包括数据加密技术、访问控制技术、认证技术等。

四、应用控制基本研究

应用控制是对财务会计信息系统中具体的数据处理活动所进行的控制。重点在于全部交易均已经过合法授权并被正确记录、分类处理和报告。应用控制常可分为输入控制、处理控制和输出控制。

（一）输入控制探究

输入控制的目的：一是确保完整、及时、正确地将经济业务信息转换成机器可读的形式并输入计算机，而不存在数据的遗漏、添加和篡改；二是及时发现与更正进入财务会计信息系统的各种异常数据，或者将其反馈至相关业务部门重新处理。

一般情况下会用到如下输入控制方法：设置好科目的名称和代码的对照性文件，这样可以尽可能地避免会计科目产生输入错误；代码输入后，要设置好科目代码校验，从而能够对会计科目代码进行查验和纠错；设置好对应关系的参照文件，以便检查对应的账户是否正确；要控制好试算平衡，对每笔记录和借贷方都应该进行平衡校验，以便于最大限度地保证金额输入正确；采用顺序检查法，保证凭证的编号顺序正确、不重复；采用二次输入法，两人分别或者同时输入同样的数据，对比验证数据是否正确。

依据数据输入过程的逻辑性，输入控制应包括数据收集控制、数据分批和转换控制。

1. 数据收集控制

数据收集控制是指对经济业务原始交易数据的人工收集、分类、记录过程的控制。它主要包括建立和执行合理的凭证编制、审核、传递、保管程序；合理设计凭证，明确规定各栏次的内容，并预留空栏供交易授权和责任确认；业务的授权与合理分类等方面的内容。

2. 数据分批和转换控制

数据分批是指将一段时间内的业务数据汇集在一起，集中输入和处理。对于采用分批处理方式的财务会计信息系统而言，这样做可以防止交易处理的遗漏，防止在信息处理过程中未经授权交易资料的插入，防止过账错误。有效的数据分批控制措施是控制总和，即计算并比较某一数据项在不同处理过程或部门产生的总和，若该数据项的各总和之间存在非零差异，则表示存在差错。例如，当某一批数据全部输入完毕后，若财务会计信息系统统计出的记录项总数与数据收集组提供的记录项总数不一致，则表示出现输入差错，必须立即更正。控制总和除选用记录项总和外，还常选用总额控制数，即整批交易的数量金额栏的汇总数。控制总和不仅适用于数据输入控制，而且可以应用于数据处理和数据输出控制。

数据转换控制是指将计算机不能识别（不能读取）的数据转换为计算机能够识别（能够读取）的数据。

（二）处理控制探究

财务会计信息系统处理控制的目的在于确保已输入系统的全部数据均得到正确和完整的处理。常用的控制措施包括登账条件检验，防错、纠错控制，修改权限与修改痕迹控制等。处理控制主要涉及数据有效性校验、数据处理有效性校验及建立清晰的审计线索等方面的内容。

1. 数据有效性校验

财务会计信息系统十分复杂，要求对各种类型业务文件进行正确的处理。使财务会计信息系统处理结果正确、完整的前提是所要求处理的数据是正确、完整的，即保证所处理数据对象具有有效性。数据的有效性校验分为数据正确性校验和数据完整性校验。

数据正确性校验，即要求处理的数据读取自适当的数据库，经适当的应用程序处理后又被存入适当的数据库。常用的方法包括校验文件标签，即人工检查文件外部标签，程序检查文件内部标签；设置校验业务编码，即对不同的业务进行编码，应用程序依据读出的业务编码，将不同的业务转入不同的程序进行相应处理。

数据完整性校验，即确保要求处理的数据既没有遗漏，也没有重复，更没有未授权的插入、添加。最常用的方法就是利用顺序校验，即应用程序通过读取每项业务或记录的主关键字，与前一项业务或记录的主关键字进行比较，以检查文件组织顺序是否正确。顺序校验不论是对数据输入控制还是对数据处理控制都是必要的。

2. 数据处理有效性校验

数据处理过程中产生的错误，一般是由于计算机硬件、系统软件、应用软件出现了问题。虽然现在计算机硬件设备的可靠性相当高，但在系统运行中仍有可能出现故障。设计完好的系统软件、应用软件，也可能因硬件故障或其他外界干扰而失效或被更改。因此，数据处理的有效性，一方面可通过定期检测财务会计信息系统各功能处理的时序关系和应用程序，及时发现并纠正错误来确保；另一方面可通过对数据进行逻辑校验来确保。

对于系统各功能处理的时序关系和应用程序的测试，常用重复处理控制的方法，即比较同一业务数据的前后两次处理结果，若两次结果不一致，则说明处理出错。例如，对于"应收账款"模块，可依据往来客户代码，将每批应收账款业务分别进行明细账处理和总账处理，分批处理结束后，若总账发生额与各明细账发生额的合计之间存在非零差异，则说明该模块存在问题。至于对数据的逻辑检验，既可采用前述的合理性检验和配比性检验，也可采用逆向运算、重复运算等方法检测数值计算的正确性。

3. 建立清晰的审计线索

处理控制的另一个重要目的在于产生必要的、清晰的审计线索，以便对已处理交易进行追溯和查验。必要的、清晰的审计线索不仅为审计总账或其他会计记录的变动提供证据，而且也为编制财务报表、查找与更正处理错误、发现交易数据的遗漏或未经授权的添加提供方便。

审计线索的充分程度直接影响到应用控制的质量。财务与会计信息系统审计线索的建立一般涉及输入或输出登记、程序的使用登记以及处理过程中所产生业务的登记等方面的内容。具体包括：已处理的经济业务清单；处理中使用过的参数表和数据清单；操作人员单独输入的数据清单；处理中使用过的应用程序名称、次数和时间；某些经济业务所需的选择性处理操作清单；计算机产生业务的详细清单。

（三）输出控制探究

财务会计信息系统不仅要保证输出结果的完整与可靠，而且要保证各种输出信息能安全、及时地分发到适当的使用者手中。如果想要限制部分人接触输出信息，那么可以采取的措施有给予部分相关人员接触权限，只有被授予接触权限的人才能够执行输出操作，在相关人员进行操作的同时，需要完整登记好操作记录以便备查。此外，打印输出的资料也要登记在册，并且要根据会计档案的要求进行保管存储。

输出控制包括对财务会计信息系统输出结果的复核和对输出结果的限制性分发。输出结果的复核，包含来自信息输出部门和信息使用者两方面的复核。信息输出部门在输出结果分发之前，要对拟分发的输出结果的形式、内容进行复核，如业务处理记录簿与输入业务记录簿有关数字的核对，输入过程中控制总数与输出得到的控制总数的核对，正常业务报告与例外报告中有关数字的对比分析等；信息使用者在使用前，要对会计电算化输出结果复核，如客户在支付到期贷款之前，复核收到的往来客户账单；企业财务主管在每日现金送银行之前，要复核由出纳编制的存款汇总表等。

输出结果的限制性分发是指财务会计信息系统的输出结果只限于分发到授权接收的使用者手中。限制性分发通常是通过建立和执行输出文件的分发与使用登记制度来实现的。

不论是输入控制、处理控制还是输出控制，都应包括对发现的错误如何加以处理的措施和方法。一般而言，根据不同的情况，如错误发现的时间、错误类型、产生地点、环节等，采用不同的处理措施。例如，对已发现的错误凭证，若错误凭证被发现时已登账，则只能采用红字登记法或补充登记法①来更正；若错误凭证被发现时已输入财务会计信息系统但尚未登账，且该错误来自数据转换阶段，即录入错误，则可直接更改；若该错误来自数据的采集阶段，即手工编制记账凭证错误，则操作员不能直接更改，应填制错误清单并通知有关业务部门，待清单中错误更改后送回，再重新输入。

---

① 企业会计核算中，用增记金额以更正账簿记录错误的一种方法。

五、计算机审计研究

（一）基本概念

计算机审计是指对财务会计信息系统的审计。将计算机系统作为会计工作的辅助管理工具，不仅给会计工作本身带来了深远的影响，而且也给审计工作带来了深远的影响，同时也拓展了审计工作的范围。电子商务①环境和传统类型的商务环境不同，电子商务环境中不存在以往的审计线索。所有能够记录和确认交易信息的原始单据，从合同、订单、发货单、发票、数字支票，到收、付款凭证等，都是用电子信息的方式记录并在网络上进行传递的，保存的介质也非传统的纸张而是电磁存储介质，极大地冲击了传统审计的方法和模式。

1. 会计组织机构

在财务会计信息系统中，会计的许多功能，特别是会计核算功能由计算机辅助完成。在原有的手工处理系统中的一部分会计组织机构，如工资核算组、成本费用核算组、总分类核算组均有可能不再需要设置。同时，由于计算机的应用，又相应出现了一些新的工作岗位和组织，如系统开发组、系统维护组等。因此，审计工作不仅仍然要围绕原来手工处理系统的例行任务进行，还要对财务会计信息系统新设立的组织机构进行研究与评价。

2. 系统工作平台

系统工作平台是指财务会计信息系统使用的计算机硬件系统和系统软件。必须保证系统平台能满足会计电算化技术与安全方面的要求。由于计算机系统是原手工会计系统没有的部分，因此对财务会计信息系统的审计，审计部门要增加计算机技术方面的成员。

---

① 以信息网络技术为手段，以商品交换为中心的商务活动。

3. 数据存储形式

在手工操作时，会计信息由纸张介质进行记载，如记账凭证、账簿等。在财务会计信息系统中，计算机内的数据都存储在各种光、电、磁介质中，会计人员再也不能以翻开证、账、表的形式使用这些信息，只能借助计算机的辅助设备和程序来存取这些信息。由于存储介质的变化，会计系统的审计线索亦发生了变化。一方面使部分审计线索消失，另一方面使大部分审计线索改变了存在的形式。

4. 内部控制

除了原有手工系统下的内部控制制度外，企业会计系统应为每笔业务、每项经济活动提供一个完整的审计轨迹。可将相当一部分内部控制方法交由计算机程序实现，如试算平衡、非法对应科目设定、计算机操作权限设置等。计算机审计要求对财务会计信息系统内部控制机制的有效性进行审计。

5. 系统的安全性

财务会计信息系统的安全隐患主要来自两个方面：一个是会计人员及其他人员的舞弊行为，另一个是外界对计算机网络的恶意攻击。因此，必须采取相应的审计方法来对财务会计信息系统的安全性进行审计。

（二）基本内容

计算机审计的基本目标是审查财务会计信息系统的有效性、经济性、效率性、完整性、准确性、安全性、私用性和合法性。在财务会计信息系统中，由于其组织结构、数据处理形式及数据存储介质都与手工系统有了很大差别，其审计的方式和内容也随之有所改变。

此外，审计人员不仅仍可依靠手工对财务会计信息系统进行审计，也可利用计算机作为辅助工具对财务会计信息系统进行审计。具体地说，在财务会计信息系统环境下，计算机审计主要有以下内容。

1. 内部控制审计

财务会计信息系统的内部控制健全有效，是会计信息正确的基本保证。我国针对会计处理工作制定的一系列法律法规，是保证财务会计信息系统正常运行的法律基础。

一个企业内部控制制度的建立和实施，必须实现的目标包括提供可靠数据，保护各项资产及记录的安全，促进经营效率的提高，鼓励遵守既定政策、遵守有关法规。如果企业的现行会计制度、会计处理规程等内部控制既符合公认的会计原理和准则及其他内部控制原则，又能够自始至终地得到贯彻执行，那么一般可以认为企业提供的会计信息是真实的、公允的。若会计电算化系统能够依据《会计电算化工作规范》等实施操作，也可以认为该会计电算化系统是有效的、可靠的，其提供的信息是真实的、公允的。制度基础审计既是社会经济发展对审计工作提出的要求，也是对财务会计信息系统进行内部控制审计的主要内容。

2. 计算机系统审计

计算机系统包括计算机硬件、系统软件和应用软件。计算机系统审计主要指对计算机硬件和系统软件的审计。

对计算机硬件的审计是审查硬件的性能是否达到要求，设备运行是否正常。一般来讲，财务会计信息系统的硬件要求可靠性较高。为了保证系统数据的安全性和完整性，系统可以采用数据存储设备镜像或双击热备份等工作方式。

对计算机系统软件的审计，主要审计内容有计算机操作系统和数据库管理系统。在当前的中小型系统中，可用于局域网①系统的操作系统产品不多，这些产品不提供源代码，其安全性也有限。在多用户或网络工作环境中，计算机操作系统必须达到一定的安全级别。在有条件的情况下，计算机操作系统的安全级别要达到 B2 级。

3. 系统开发审计

对于财务会计信息系统，不仅要对系统的工作环境进行审计，还要对

---

① 局域网：网络种类，覆盖范围一般是方圆几千米之内，其具备的安装便捷、成本节约、扩展方便等特点使其在各类办公室内运用广泛。局域网可以实现文件管理、应用软件共享、打印机共享等功能，在使用过程当中，通过维护局域网网络安全，能够有效地保护资料安全，保证局域网网络能够正常稳定的运行。

财务会计信息系统的开发过程进行审计。也就是要对财务会计信息系统的整个生命周期进行审计。

系统开发审计一方面要检查开发活动是否受到适当的控制，以及系统开发的方法与程序是否科学、先进、合理，另一方面还要检查系统开发中产生的文档资料。例如，在系统分析阶段产生的系统分析报告所描述的财务会计信息系统逻辑模型是否正确，在系统设计阶段产生的系统设计文档是否可行、有效，在系统实施过程中采用的开发工具是否先进。

4. 应用程序审计

应用程序是系统功能的最后实现，尤其在财务会计信息系统中，会计功能，特别是会计核算必须依照一定的步骤、方法和规范展开。因此，应用程序的审计要通过一系列数据测试，对目标系统的符合性进行检验，以保证程序运行逻辑的正确性。

5. 数据文件审计

财务会计信息系统是利用数据文件系统存储会计处理的对象和结果。在会计电算化系统中，会计凭证、会计账簿、会计报表映像，国家制定的法律、财经法规、政策和制度，上级制定的规章制度，上级下达的指示、通知、命令，企业单位制定的经营方针、目标、计划、预算、定额、经济合同，各项经济指标、规章制度等都可以以数据文件或数据仓库的形式存储于光、电、磁等介质上。因此，审计依据和审计证据大部分来自财务会计信息系统和企业信息系统内部，特别是企业单位制定的各项数据指标和账务处理数据。

第六章

财务会计与管理会计融合探索

第一节　财务会计与管理会计的关系

一、财务会计与管理会计的不同之处

（一）职能不同

财务会计为报账型会计，职能偏向于对过去的监督与核查。

管理会计类属经营管理型会计，集中在对现在的调控、考核、评估，尤其偏向对未来的决策、预测与规划。

（二）服务对象不同

财务会计属于对外报告会计，财务会计的信息输送对象是股东、债权人、潜在投资者、税务机关、证券监管机关等企业外部各利益相关者。

管理会计属于对内报告会计，其职能是将决策优化与经营细化的相关信息汇报给企业内部各管理层级。

（三）约束条件不同

财务会计在处理财务工作时，比如在财务审查、财务核算等流程中，因会计制度的限制，因此并不能自如使用各种方式方法。

管理会计以企业管理的根本需要和实况为依据选择相应的处理方法，相较于财务会计，其灵活性较强。

（四）报告期间不同

财务会计侧重于对过去一定期间内的财务情况、资产变动状况与经营成果进行核查与监督，且其报告要按照固定的会计期间（如月、季、年）来进行编制。

管理会计则是侧重于对未来的经济活动的预设与估测，只需要依据企业的具体情况来编制报告，可以灵活将小时、天、月、年甚至若干年设定为会计期间，不必拘束在固定的会计期间中。

（五）会计主体不同

通常财务会计只为整个企业服务，是单一的主体，财务会计负责管理企业的资产、财务、经营状况等相关情况信息，并不会服务企业内部单位等主体。

管理会计的服务主体较为多元，其对企业整体的资产状况、财务以及经营状况等信息，还有企业内部各责任单位、各部门的经营活动情况的信息都要进行披露。

（六）计算方法不同

财务会计在进行核算、监督时，多使用一般的数学计算方式。

管理会计则需要运用大量现代化的数学计算技术去进行科学的预测与决策。

（七）信息精确度不同

过去已完成的经济活动是财务会计的主要反映对象，其对数字要求精确，对信息要求客观详尽。

未来的经济情况是管理会计侧重服务的对象，由于未来的经济活动可能受到各种不确定因素的影响，因此在信息及时性的要求下，管理会计统计财务的准确度并不高，通常只需满足大致准确的要求。

（八）计算量度不同

货币尺度是财务会计的首选方法，其可以系统地反映出企业的经济状况。

除了货币尺度，管理会计还会使用非货币尺度，比如劳动尺度、实体尺度、关系量度等方式来满足不同管理活动的计量需要。

二、财务会计与管理会计关系研究

首先，两者有相同的起源。财务会计与管理会计均以传统会计为母体，一脉相承，各自逐渐壮大并分离出来。财务会计与管理会计既是会计管理的核心构成要素，也是会计学成熟的重要标志。

其次，两者服务对象有一定程度上的交叉。原则上来说，财务会计服务于企业内部，而管理会计服务于企业外部，但在实际情况中并不严格按照这种原则。管理会计信息对外部利益集团在盈利预测方面大有效用，企业内部决策也同样需要财务会计的信息支持等。

再次，两者具有一致的目标。虽然财务会计与管理会计在服务对象上有范围的区别，但两者都是以助力企业在最大程度上获利并增值为终极目标。

最后，两者共享同样的信息源。管理会计广泛的信息基本来源于财务会计，有时会直接沿用财务会计的信息，有时将对财务会计信息进行一定程度的修改，以满足现实的需要。

第二节　财务会计与管理会计融合的理论基础

一、起源融合探究

随着社会经济的不断发展、社会分工不断细化，会计活动也趋时更新。财务会计和管理会计为适应学科发展和技术分工的需要，出现了概念上的分别。而两者本身同脉同源，均在原始的会计簿记活动中孕育、形成并壮大，因而其本质具有天然统一性，职能也具有内在契合性。

二、目标融合探究

会计目标指的是会计工作将使整个局面实现一定的效果,满足一定的要求,会计目标是自上而下的、多层次的目标体系,是多元而非单一的。本书研究的是与会计本质密不可分的会计终极目标。

财务会计的职能是完成将财务报告提供给信息使用者这一流程。这里的财务报告并不足以囊括财务会计工作的全部过程,只是反映其工作效果的最终表现形式。

从经济学全局观来看,公开财务信息最终会促进社会资源的优化配置,公开财务信息的举措能够科学地帮助社会资金流向质量更好、效率更高、表现更佳的区域。生产关系也会得到相应的完善,即财务会计会向各种信息使用者提供能够揭示财务状况、资产运营情况的财务报告,以便各利益相关者依据财务会计提供的结果反向核实、监察组织和组织内部各部受托责任的履行情况,以及是否按规定、契约和流程部署工作。这有助于维护各产权主体的合法利益,保护产权关系。

由此可见,财务会计的最终目标:其一是优化资源配置,兼顾企业经济效益和资源配置社会效益的提高;其二是稳固产权结构,保障各利益相关者的权益。

管理会计的目标比财务会计的目标更为明确、精细。由于管理会计的落脚点在于管理,其本质是借由调整、完善管理来创造更多价值、创造更多收益的管理艺术,同时其也是一个持续进行价值增值的变化流程,因此管理会计的最终目标与其本质不谋而合,均是通过发挥会计职能让企业的经济效益和社会价值最大化,也通过一系列的监督保障手段,维护各利益相关者的财产权利、合法权益。

最优化的处理方式,即财务会计与管理会计双向并行、互相哺育,在配合中为现代企业管理献出合力,以便更高效、更严谨地达到会计工作的各种目标。同时,对于各利益主体合法利益的保障,对于企业经济效益与社会效益的双重拉动，其意义也不言自明。

三、本质融合探究

（一）信息系统论

信息系统论表示，会计是一个向各信息使用者提供财务信息的信息系统，反映信息是其主要职能。而且信息系统能够优化经济管理状况、提高企业经济效益和社会效益，同样也是会计的工作指向，也覆盖现代会计管理的部分。

（二）管理活动论

会计管理指出经济活动的流程属于会计管理工作，其除了本身的管理工作外，也对经济状况进行管理。

会计管理所包括的内容被管理活动论分类于价值运动，因为会计工作是人有意识有目的的经济价值管理活动，会计学作为一项单独科目，是人类运用计算对社会经济进行处理的系统学科。根据马克思的簿记，会计的基础只能是控制过程和总结观念，分别是过程控制代表的"反映"与观念总结代表的"监督"。两种职能密切联系，不可分割，尽管隶属于不同的学科分支或工作岗位，却在学科内部与岗位之间有着千丝万缕的联系。

数千年来以来，"会计"都是一个综合性的、包含广博含义的概念，随着现代会计在经济飞速发展、社会制度趋于完善的背景下出现，会计学科的外延范围越来越大，会计研究的相关方法越来越丰富、技术越来越先进，本着方便教学与科研的目的，会计学又包括很多独立学科，比如会计、统计、审计、经济分析、财务管理等。而管理活动论表示，不同学科之间并非隔绝割裂的关系，整体上看，根据会计职能的划分，学科只是在内容和范围上不同，其本质仍与会计所联系。财务会计与管理会计虽然是不同学科，但也有同一性，因此同理。

（三）会计控制论

杨时展[1]教授作为会计控制论的领军人物，将受托责任论、会计控制系统论集合在一起，并重新定义会计的概念：会计是一种新型决策安排的控制系统，通常按照公共标准且把货币作为计量尺度以对受托责任进行考量控制以及界定等。

受托责任的主要观点是会计目标要按照合宜的方式将受托人的受托责任和履行状况如实、完整地反映出来。它将受托责任分为三个方向：受财务会计反映、受管理会计反映、受社会会计反映。财务会计侧重于财务工作的纪律性，主要集中责任在财务活动的可靠性；管理会计则侧重于经济活动是否高效以及收益是否客观；社会会计涵盖责任则是更广泛的会计控制系统，包括受自然、社会影响的所有的经济行为。

经研究发现，会计的价值远不只作为信息系统存在，会计可以能动地反映客观现实，使其结果符合人们的主观意志，进而达到"控制"的目的。因此，会计是一个巨大的控制处理系统，通常又结合了受托责任观，这在某种程度上使会计控制论得到了进一步的完善。

从会计控制理论的新视角来看，会计可以主动了解经济信息、控制经济活动、干预经济结果、实现社会经济目标，能应用到社会实践之中。管理会计将信息、计量组织中各人的任务分派、参与者的利益分配及履行责任的状况提供给信息使用者，以便使统一完善的会计标准在整个领域内尽早形成。控制系统论涵盖了会计的双重职能：对内共享企业组织内部经济信息，对外统一标准，社会会计共同遵守。

以上三种理论共同揭示了现代会计的本质。会计学尽管出现了不同的分支，其本质却具有同一性，互相统一、不可分割。学科之间只在职能范围和职能内容方面稍作区分，如财务会计与管理会计都同样以原始的会计活动为本源，两者在职能上互相联系、互通有无，一同作为现代会计管理活动的核心构成部分。

---

① 杨时展，浙江衢州人。我国著名会计学家、会计思想家、教育家、社会活动家。原中南财经大学教授，博士生导师。

四、边界模糊化探究

当今的企业正处于互联网商业长足发展、产业全球化、知识全球化、经济全球化的新时代背景之下，证券市场资源配置的优化效能与日俱增，使企业面临的挑战越来越大。因此，会计信息需要更具有前瞻性、全局性、可持续性，以适配企业的新规划、新决策。这样一来，财务会计与管理会计之间的融合逐渐成为必要。

（一）智力资本

智力资本是一个企业提高核心竞争力的关键点，是整个企业最紧要的、无法复制的、无法替代的无形资产，由关系资本、人力资本和组织资本三方面构成。

智力资本报告、智力资本体系标准指出，组织员工、组织资源、组织对外关系这些信息是智力资本计量工作的起点，以一定的指标体系为标准，管理处理信息、形成数据报告，其本质就是管理会计到财务会计信息量化的转变。公布智力资本报告，实际上使企业对内处理系统与对外处理系统紧密联系，这有利于管理会计与财务会计的进一步融合交流。

（二）全球报告倡议组织

全球报告倡议组织在推动可持续发展方面做出了突出贡献。它打破了从前财务会计与管理会计两相分离的局面，构建了一个集财务、社会和环境等多项因素于一体的综合性报告体系。该报告体系力求将企业内部的各类信息提供给利益相关者，不仅提升了受托责任履行情况的透明度，而且对于管控改革也有长远好处。

在企业内部管理实践中，创造性地运用现代管理会计的控制工具能够最大限度地彰显财务会计与管理会计之间的交融。财务会计的会计控制数据的重要作用是不可忽视的，财务会计尝试与管理会计相结合，其工作成果是相当可观的。

财务会计经济活动准确、公平、真实地记录了企业实物和价值增减情况，比如企业资产结构、企业经营状况和资金流量等。而按照企业实际表现做出的考核和反馈在一套完备的企业管理控制流程中是必不可少的环节。

企业管理是纵向的管理，通常以人开始，再到物、企业整体，甚至整个社会经济。如今的会计管理结构，由"所有者对管理者、上级管理者对下级管理者、管理者对执行者"三部分构成。财务会计在考察企业管理者工作轨迹与实绩时，会通过会计信息来监督管理者行为、约束管理者权力，以便企业外部的资本所有者能够以会计报告所展示出的业绩为依据，对管理者的任免、薪酬等相关方面进行决策，借此更进一步地控制管理者行为。

管理会计进行的是全方位、全流程的绩效检验和考核，细化到评估每位员工的工作行为，从而促使上级监督管理下级、管理员监督控制执行员。当前，现代管理会计理论体系蓬勃发展，实践也不断发展壮大，全面构建管理控制系统是自然而然的，因此统一全面管理企业会计的方法也是企业系统管理的急切需求。在一套全流程、全环节的管理控制体系中，财务会计与管理会计相辅相成，合力将三个层次的管理关系密切联系起来，保障了会计的各项职能都能发挥理想的作用。

第三节　财务会计与管理会计融合的问题与对策

一、财务会计与管理会计融合概述

（一）融合的背景

当前，经济正处于繁荣发展的阶段，各类信息处理技术如"互联网+""物联网""大数据"等技术随之蓬勃壮大，这无疑为会计行业带来了自我革新的机遇，并提供了创新所需要的主要支持技术。对于企业而言，会计管理是一项重点工作，因为它可以对企业的经济效益起到决定性的作用，同时更是企业在市场环境中面对激烈的市场竞争稳步发展、获取经济效益的关键。由此可见，提升财会技能、实现会计管理工作的转型发展、引进先进财会技术等成为人们关注的焦点内容。同时，还需要促进管理会计与财务会计的融合，这样一来便可以有效提高企业财务数据处理能力，从而实现效益最大化。

（二）融合的必然性

财务会计能够将会计信息数据输出给管理会计，以便管理会计进行评估和预测，两者的密切合作能够让信息资源得到充分的利用。而且，两者的紧密融合是企业提高自身竞争能力的法宝，对于企业压缩财务成本与内耗精控成本、控制财务风险系数、维持资金良好运转、释放企业发展活力、推动企业经济效益达到预期都大有益处。

管理会计利用因素趋势分析等数据模型来规范财务支出，将企业的经营成本控制在一定范围内，这为企业内部的资金款项使用提供了经验借鉴，也为整个企业谋求到更大的利润空间。就后续的控制情况而言，管理会计也充分贡献了自己的力量，以监督评价作为表现方式落实对财务预算的监控，有力地推动了各种政策的调整和革新。

在进行融合时，细化管理会计与财务会计的要素，是一种可以避免重复工作的方式，企业财务管理的质量将会得到真正意义上的提高，进而实现企业财务管理水平的发展。

二、财务会计与管理会计融合的问题

（一）缺少专业人才

目前，管理会计与财务会计的融合进程并不顺利，其中的一个重要原因便是人才的缺乏。由于社会、高校等在培养管理会计人才时未能完善专业的知识培养体系，使得教育资源分配不均成为培养专业会计人才时面临的一个显著问题。部分财务会计人员因为受到传统思维的限制，缺乏风险预测意识、创新融合意识等。除此之外，企业自身也存在需要改进的地方，例如对会计人员的上岗要求过低，使得部分会计人员平均技能水平不高、专业素质低、创新意识薄弱、学习动力不足、会计管理知识片面，这也意味着这些会计人员无法顺利完成管理会计的预测决策相关工作，在很大程度上为管理会计与财务会计的融合带来了许多问题和困难。

（二）内部信息共享未实现

管理会计的工作流程、问题分析模型、预测等工作对数据提出了非常高的要求，因此，在各部门间实现信息共享、进行财务数据的信息化建设以成立数据库的任务，成为两者融合过程中的重中之重。然而，一些企业由于种种现实情况，如缺乏专业技术支持、硬件设备较为落后、相关人员分析运用数据的能力不足、各类现代化信息处理技术的实际运用情况较差、未能对软件及时地优化更新等，其管理会计的职能在执行过程中受到不同程度的阻碍，不利于两者融合的整体效果。

（三）会计制度还需不断完善

当前，部分企业对两者融合的重视程度不高，归根结底是缺乏完备的会计制度。受制度不够完善的影响，无法合理规范管理会计的有关要素，例如业绩考核、目标任务等，便是管理会计工作方向不明且工作效率低的主要原因。由于财务会计与管理会计的制度融合较为僵化，因此在实际的操作中不够规范。由于两者之间工作内容和岗位职能划分过于模糊，管理会计出现了依附于财务会计的情况，致使管理会计与财务会计的工作在掺杂中分别削损了各自的专业性、独立性。这种现状使得企业难以建立起专业的会计制度，导致管理会计在发挥自身工作职能的过程中面临着诸多制约。管理会计工作在考核指标不明晰的情况下，无法确保绩效考核的公允性与真实性，因此融合工作的实效性难以准确表述。

（四）未实现业务部门与财务部门的有效融合

此外，各部门之间的信息共享也并非畅通无阻，由于业务部门与财务部门都是独立运作，反馈信息的差异性不利于有效整合信息，沟通与解决问题成为无法实现的事情。当财务人员对相关业务存在盲区时，管理会计在精细化处理业务量预测及制定定额标准等工作时将会面临一系列的困难，这也是管理会计的决策与预测职能被浪费的根本原因。如果上述工作无法达到预期的工作成效，造成企业成本控制工作的失利，企业往往就会面临巨大的经济损失。

三、财务会计与管理会计融合的策略

（一）培养管理会计人才

在培养管理会计人才的同时还需要针对传统会计人员展开相应的培训，会计人员通过培训学习可以了解有关管理会计与财务会计的区别与关联，同时还可以养成相应的工作思路，将过去的思维惯性转变为综合思维理念，即不再追求单一记账，而是将财务会计与管理会计联系在一起。

财务会计人员在做好收集、记录、处理财务信息等工作的同时，还必须明确会计信息的真实性、有效性，从而实现科学、精确的数模建立及数据分析，使企业能够从中获取到关键的数据资料。复合型人员转型意味着传统财会人员正在向管理会计的方向融合和发展，企业的经营活动在会计信息的影响下得以不断发展和推进。同时，还可以通过人员转型对未来的发展战略进行预测。

企业的高层决策者可以通过管理会计了解企业的发展情况，因为管理会计可以运用精准核算和数据统计分析等方式形成企业发展的相关数据。对于企业而言，这一方面有利于财务管理的保障，另一方面还能够促进自身的可持续发展。

管理会计人才的培养需要国家的支持和鼓励，其中重要的一点便是相关政策方针的提出与引导。要想在真正意义上提高会计人员的管理水平，就需要从学习开始抓起。高校需要针对管理会计人才的需求设置系统的课程内容，学生可以通过实践运用来加深对会计工作的认识与了解，使得自身的专业技能、预测能力、分析水平及专业素养得到有效提升。

（二）推动内部信息共享

随着互联网经济的不断发展，信息的内部共享及大数据处理在当今社会中不可缺少。在"云计算""大数据"等技术持续兴起的背景下，企业应当抓住机会推动构建资源共享库，管理好内部信息的使用权限，并在此基础上实现企业内部各部门之间的交流与信息的流通，促进企业财务工作平台网络化。大数据处理技术是财务会计与管理会计融合的助推剂，因为企业可以凭借该技术归纳整理内部信息。数据分析模型则是以工作流程为中心，从而大幅度提高信息分析的准确性。

内部硬件设施同样是企业关注的重点，专业的会计信息电算化软件有助于维护信息的精准性，例如用友、福斯特等。定期维护、更新软件和系统，能够确保企业数据信息的完整与真实，推动发展会计信息留存、审计等相关工作。

（三）完善会计管理制度

目前，管理会计与财务会计融合仍旧面临着许多挑战，例如部分企业高层管理者对此重视程度低，融合工作无法获得相应的实施策略且面临着工作盲区。除此之外，两者融合还需要相关制度的引导和支持。

企业在管理会计与财务会计的融合工作中担任了十分重要的职责，不仅需要对管理会计的职责进行界定，还需要不断推动员工了解管理会计的职能。为了提高员工的积极性与能动性，明确绩效考核指标、设立奖励机制必不可少。这一举措不但能推进两者的深度融合，还可提升企业财务管理的平均水准。

凸显会计信息化在实践中的价值：在会计信息化平台上通过相应的工作模式，例如财务工作平台或是内部信息共享等来完成管理会计与财务会计协同体系的建构。

管理会计的独立性必须要得到保证。通过明确界定相关人员的工作范围、职能和权限，让管理会计的岗位具有更高的专业性、科学性、严谨性。

（四）完善内部控制体系

企业各部门应打造高效沟通机制，工作人员可以借助数据共享、信息交流等机制加强自身对企业重要指标的认识，例如业务概况、市场占有率、成本预测等。将业务数据和精准信息提供给会计管理人员，助其全局性地把握企业整体经营状况并做出相应的决策、分析、预算统筹，从而更高效地分析业务成本。

优化内部控制体系也是两者融合必不可少的一环。良好的交流环境是企业各部门信息交流与共享的重要前提。管理会计需要做好风险评估与控制的准备，对内部动态实施监督、收集反馈信息、保障合理执行预算，只有做好上述监督、评估、预测等工作，才能真正使管理会计优势有效发挥。

在经济新常态下市场竞争日趋激烈、经济稳健发展、市场结构趋于完善的背景下，企业只有加强对会计管理工作的重视，才能在市场竞争中立于不败之地。然而新形势下的财务会计与管理会计融合仍面临诸多挑战，如惯性思维、制度单一等，这些都为企业可持续与稳中向好发展增加了阻力。

企业的发展有四个方向：一是推动升级财务工作平台，二是变革财务管理工作模式，三是构建制度体系，四是培养财务人员的工作理念。要想顺利实现管理会计与财务会计的融合发展，首先需要对两者的关联与差异进行梳理，从而确保财务型转为管理型时的科学化。管理会计人才的培养需要通过新型的工作模式及工作思维来完成。除此之外，会计信息化体系的构建也是一件需要同步完成的工作，从而实现内部信息在更专业的财务工作平台中共享、交流，企业业务得以全面、准确地预测和规划。融合制度和会计管理机制更是不可或缺，制度的保障能在实质上提高会计的话语权，实现管理会计价值的最大化。此外，增大业财融合程度、严格市场内部监督、完善内部控制体系、增强财务管理人员的专业素质都是企业稳健前行的必要条件。

第四节　财务会计与管理会计融合的实践与发展

一、财务会计与管理会计的融合实践

财务会计与管理会计原本具有同一性，如今为了适应会计活动不断复杂化和外延内容范围不断扩大的需要，会计学科根据不同研究角度进行了区分。在具体的企业实践中，管理会计与财务会计作为现代会计管理的重要组成部分，在企业经营的各个环节密切相连，两者的融合贯穿着会计管理过程的始终。

（一）信息输入融合实践

企业经济交易与事项是管理会计和财务会计的基础，两者都是在收集、记录、计量、应用会计信息。两者的核算则是针对企业目前资金运转情况及未来趋势，相同的原始信息源为两者共享，两者在核算内容上存在着诸多交叉与重叠的内容。

两者的深度融合，使得管理控制的有效性显著增加，管理者能够加深对会计信息的解读并高效地产出相应决策。管理效率和成本效益的原则在企业构建会计体系时应被着重考虑，一个充分结合企业实际情况的设计方案，在推动财务会计与管理会计互通有无、相互助力方面功不可没。

（二）控制过程融合实践

在企业实际的经营管理中，财务会计与管理会计相互结合、相互补足，合力发挥管理控制的职能。两者的融合是在管理控制过程中完成的，而管理会计工具的沟通则是其依赖的主要对象。分解战略、制定目标、执行、考核等便是各类管理会计活动的展开过程，且无论是针对企业某一方面的管理会计活动，还是存在于企业全流程的综合管理控制方法，其思路都与上述过程几乎一致。

以预算管理为例，企业的采购是预算编制的起点，为了使考评工作更加便捷，其一般呈现为财务报表的形式。对于企业而言，预算的重要性尤为明显，因为它可以对未来的经营活动实施规划、对各部门的绩效进行考核、对各部门的资源实现优化配置。将预算数据与企业真实的经营成效作为对比项，从而呈现出各种财务会计数据，例如费用、利润、成本以及收入等。企业一旦发现财务数据与预算数据之间出现数据差异，便可以溯源追踪，查找出现数据偏差的主要原因、发现问题的根源，从而做好改正工作。企业的经营目标可以通过预算得以展现，如此一来便可以做到对经营活动的有效监控。企业实际的财务数据是对其经营情况的及时反馈，企业可以以此为依据进行调整和改变，在当前的竞争环境中通过对自身的完善和改进，不断向着理想的目标靠近。

业绩评价作为管理会计与财务会计沟通的桥梁，在企业管理中占据着不可或缺的地位。在企业的日常运营中，公允评价员工及部门的业绩是一项重要的工作。企业的经营情况被认定为业绩评价体系的前提和依据，这一评价体系是以管理会计工具为基础，定性评价管理业绩、定量评价财务业绩是其包含的主要内容，其中后者占据着更加关键的地位。

企业各部门实际的财务表现，如利润率、经济增加值、投资回报率①等是财务业绩的评价依据，也是部门员工业绩评价的要素之一。企业按照业绩评价体系的逻辑，以这些财务数据及其他相关表现为依据，在综合评价部门和个人的工作业绩之后再落实奖惩机制，完成了整个流程。奖惩措施的颁布有助于企业员工在激励体制下不断修正自己的行为、积极调整工作策略，进而能主动追求工作绩效的提高，从长远来看，有助于整个企业目标尽早地达成。在企业经营情况有所改善的情况下，企业的财务绩效也同样得以提高，由此可见，建立于财务会计数据与管理会计方法之间的双

----

① 投资回报率是指企业从一项投资性商业活动的投资中得到的经济回报，是衡量一个企业盈利状况所使用的比率，同时也是衡量一个企业经营效果和效率的一项综合性的指标。

向反馈机制为企业未来的发展奠定了良好的基础。

综上所述，企业应用管理会计方法实质上是管理会计与财务会计实现融合的一种方式。管理会计与财务会计在企业经济活动中发挥了关键性的作用，前者表现出控制作用，后者则表现出反应作用。

（三）成果表达融合实践

我国会计理论界有着管理会计对内、财务会计对外的经典观念，且这一观念得到了相关领域的普遍认同。管理会计对内提供管理会计报告，财务会计负责财务公示会计报告。

对内使用的会计报告和对外公布的会计报告并不完全分离，相互重合的成分比较大。近年来，企业财务报告出现了明显的变化，非财务信息披露频率与日俱增已经成为财务报告变化的显著趋势之一。现在的"财务报告"无论从内容还是形式上看早已同最原始的财务报告大相径庭。从报表数量上看，有两张扩充到四张的明显变动，利润表与财务报表都比往年更具有综合性，逐渐变成了涵盖多种非财务信息的综合性报告。

在知识经济时代，企业的竞争力和价值评判标准发生了显著的变化。决定企业长远发展和市场地位的要素已然从传统的有形资产转向人力资源、智力资本、知识产权和组织资源为代表的无形资产，对表外信息要求的提高则显示了无形资产的决定性地位。这些无形资产具有高度的独特性和难以复制性，成为企业核心竞争力的重要组成部分。

现行的财务会计准则体系在计量这些无形资产的价值方面存在较大的局限性，无形资产又难以在财务报表中精准、清晰地体现出来。随着信息使用者将自身想要了解企业真实运营情况的需求明确表达出来，对企业非价值性进行描述的信息逐渐成为人们关注的重点。

由此可见，随着经济社会的发展，对外报告的新变化反映了财务会计信息和管理会计信息之间、会计信息提供者与使用者之间、外部财务报告与内部管理报告之间的越发模糊的界限。企业的对内报告内容与对外报告内容多为管理会计信息和财务会计信息的杂糅呈现。

二、财务会计与管理会计融合及全面预算管理实践

(一) 全面预算管理的作用

预算管理的内容是全面预算管理的基础，企业管理应当包括预算编制、执行以及考核等要素。在企业整个预算管理实践中，全面预算管理具有全方位覆盖的运营管理流程和纵深化的预算管理体系。全面预算管理致力于科学、客观、严谨地估测每项环节中的资源需求、资源供应以及资源浪费的数目。并将监督工作全面覆盖到预算的执行过程中，从而让预算管理体系与企业的经营管理实践成为有机的统一体，助力企业不断趋近其经营目标、战略目标。

1. 全面预算管理的全面性研究

首先，全面预算管理的"全面"指的是全方位覆盖的预算管理对象。预算编制全方位覆盖企业的人、财、物等各类资源，以及供、产、销等各个环节，将企业各项运营和管理活动统统纳入预算管理范畴，将预算的各个环节，如编制、分解、下达、执行、分析、调整、考核及奖惩，渗透在企业经营活动的全过程中。

其次，"全面"又指全面运用多种管理手段进行预算管理。全面预算管理整合了企业计划、协调、控制、激励、评价等多项功能来进行管控，使企业运行效率得到显著提升，最终导向企业终极目标的实现。

最后，"全面"还体现在参与人员的全面性上，即预算的编制与实施过程需要全体部门、岗位工作人员的积极参与。通过全体工作人员的共同管理，力求企业预算管理最大限度地扩充信息容量，保证信息来源的全面性，有助于提高预算编制的精准度，并将预算考核的合理程度控制在一定范围内。

由此可见，作为业财融合的重要管理抓手，全面预算管理对推动企业落实发展战略、达成年度经营目标的意义不言而喻。

2. 全面预算管理的作用研究

对于企业来说，全面预算管理就是一项重要的管理策略，同时也是对企业财务及非财务资源的有效分配和考核，有利于推动企业经营活动的顺利开展。在企业经济活动的各个环节中都有全面预算管理的身影，其优势主要体现在全过程、全方位、全员深度参与等方面。常见的预算模块为生产、销售、采购等，构建起集费用、收入、财务需求、资产等于一体的系统，致力于让企业内部各项决策共同参与企业制度的构建。

作为企业贯彻经营战略的重要抓手，全面预算管理是推动企业成熟与发展的强大引擎，因此在全球范围内得到了广泛应用。它以全流程、全部门的协同预算的手段，把诸多关键性问题放在同一个管理体系中考量，实现控制、评价的高度统一，从而有力推动企业目标的达成。

（二）财务会计与管理会计在全面预算管理中的融合实践

1. 全面预算编制的融合实践

制定成本、产量、现金收支等的预算是全面预算编制的起点，其将财务预算摆在了重要的地位，也就是对现金流量、负债及资产的预测。

事实上，编制预测性报表时，财务报表的编制与数据归集的逻辑相同。通过各业务部门的预算与财务人员的精准计量，财务预算才能集成报告。要使编制的预测报表与反映企业实际财务状况、经营成果和现金流量的财务报表具有比对价值，三张预测性报表应与实际财务报表在形式、项目和口径等方面保持高度一致，从而使预算的使用价值真正地得到彰显。高效发挥预算功能的前提，是严格遵守经济事项确认、计量和记录的标准，以及接受财务会计准则的约束。

2. 全面预算控制环节的融合实践

保证预算编制的合理性和真实性是全面预算管理高效发挥作用的必要条件之一，而一个完备的预算控制体系即是另一大必要条件。这一体系紧密串联了编制、执行、分析、调控及考评等环节。

预算不应当是预算部门或是财务部门的专属工作，因为它的存在并不是孤立的，预算动因、奖惩制度以及企业战略等因素都与其存在着紧密的关系。

企业经营成果是全面预算管理关注的重点，要实时归纳收集各类紧密关联着预算指标的量化数据，随后采取更为精准的方式使之与预算目标进行对比。在预算管理的过程中，预算考评占据着十分重要的地位，它的宗旨是对预算目标的实现情况进行考评；而奖惩的实行则是以相关的考评结果作为前提和依据。在构建激励机制的同时，该模式能够真正激发工作者、管理者的积极性，充分发挥个人的主观能动性，实现企业收入的提升。

会计信息是信息收集的根本目标，例如销售金额、销量等财务会计信息。通过比对这些量化指标与业务财务预算，实现预算反馈和考评的双向循环。在此基础上，对预算执行中的偏差加以反思和纠正，能够推动企业不断向既定目标迈进。

三、财务会计与管理会计融合的准则与模式

（一）融合的基本准则

两者的融合需要借助以全面预算管理为核心的管理控制体系，在制定全面预算管理时，以财务报表的预算作为基础，这意味着制定预算时必须要严格遵守严谨性与真实性，与实际的财务会计流程一致，在财务报告准则的规范之下确认、计量、记录和报告各种预计的经济事项。因而，在企业遵循的会计规范与采用管理控制所需的会计手段之间做出必要协调，是管理会计与财务会计能高效融合的坚实基础。

（二）融合的主要模式

在设计管理会计与财务会计在企业管理中的融合模式时，首先应该有如下考虑：第一，必须确保综合会计控制体系的设计能够精准对接企业个性化的战略需求；第二，考虑到会计管理制度受到原有管理会计制度的惯性而形成路径依赖，因此，渐变式的逐步演进更适合会计管理制度的革新；第三，应优先考虑成本效益，本着先易后难的原则，促使整个过程平稳、顺利地完成过渡。

全面预算管理作为密切联系着财务会计与管理会计的枢纽，在管理会计与财务会计的融合中掌握着核心命脉。改良后的以全面预算管理为核心的管理控制模式能够让企业管理财务的效率显著提高，从长远来看，又能加快企业追逐战略目标的速度，为企业稳中向好的发展奠定坚实的基础。至于全面预算管理固有的内在缺陷，则需要作为利润驱动因素的非财务指标纳入绩效考核，从而让企业战略目标与全面预算管理更为协同一致。全面预算控制以其方式与过程的简化、技术的浅显易懂见长，且多次经过了我国企业的实践检验，适应性较强且适配度较高。尽管在管理思想上，预算模式不如平衡计分卡模式表现得更出色，但出于对现实因素和成本效益的综合考量，应选择一套最适合我国国情的管理模式，即以全面预算管理为主、多项非财务指标为辅的考量方式，从而真正促进管理会计与财务会计的有机融合。

四、财务会计与管理会计融合实践的关键优势

（一）推动完善企业战略与财务绩效的关系

企业本质上是营利机构，永远指向创造价值增值与利润。对于企业来说，企业自身的稳定健康发展以及持续的价值增值是其长期的战略目的。基于此，当执行企业长期战略时，企业财务状况会受到怎样的影响便是一个值得重点思考的问题。同时，战略的制定与执行还会受到财务状况的约束。

（二）充分发挥会计的管理职能

企业管理以通过管理人达到管理物、管理各种社会经济活动的目的为实质，是一种在企业管理中反映各种经营活动、监督各种经济事项的管理流程。

财务会计以确认、计量、记录经济事项为手段，最终落脚于管理以资金、资产、原材料、产品为代表的"物"，进而管理整体的经济活动。管理会计通常采用预算管理、绩效评价、责任会计的手段，将管理经济活动

作为着力点，以期达到分解任务、明确责任、奖先惩后的目的，最终实现对"人"的管理。财务管理融合管理会计的新举措，是一次让管理功能高效发挥的成功实践，对提高企业效益、推动企业价值增值做出了突出贡献。

第七章

财务会计在数智时代的发展探索

"数智时代"，指的是我们正身处的数字化与智能化深度融合的时代。数字化是一种信息处理过程，能够将现实中的复杂信息转化为可度量的数字和数据，而智能化通过采集、存储、分析这些数字和数据，生成方案，为决策和解决问题提供支撑。

在数智时代，以移动互联网、大数据、云计算、人工智能、区块链、5G 等为代表的新技术不断融合与发展，为企业经营环境带来前所未有的机遇与挑战。这些技术不仅改变了企业的业务模式和运营方式，更推动了财务会计领域的深刻变革。

首先，数智时代的到来极大地降低了信息获取成本。会计人员不再需要依赖传统的纸质文档或烦琐的手工操作，而是可以通过互联网轻松获取各种财务信息，极大地提高了工作效率。同时，各种信息处理技术如大数据、云计算等，使会计得以快速处理和分析海量数据，支撑企业决策。

其次，数智时代为财务信息的保管提供了更加安全、可靠的方式。通过云存储和备份技术，即使传统的书面账簿遭受损坏，也能迅速进行数据恢复。此外，利用区块链技术的不可篡改性和透明性，可以确保财务信息的真实性和可信度，有效防止财务舞弊行为的发生。

再次，数智时代下的互联网操作更加注重权限管理。只有经过授权的人员才能进行数据输入或修改，这大大降低了人为错误和舞弊的风险，同时也提高了监督系统的有效性。这种权限管理不仅保障了财务数据的安全性，也有助于维护企业的正常运营和声誉。

最后，随着数智时代的深入发展，财务会计行业正迎来新的发展阶段。会计人员需要不断学习和掌握新技术、新方法，以适应时代的变化和企业的需求。同时，企业也需要加强对财务会计人员的培训和教育，提高他们的专业素养和技能水平，为企业的可持续发展提供有力保障。

综上所述，数智时代为财务会计领域带来了前所未有的机遇和挑战。面对这一变革，我们需要深入研究数智时代财务会计的发展趋势，加强技术创新和人才培养，以推动会计行业的持续发展和进步。

第一节　数智时代财务会计的发展趋势

在数智时代，财务会计的发展趋势主要表现为数据处理与分析要求更高、决策支持更加智能化、财务报告和信息披露更加及时透明、内部控制和风险管理更为突出、跨界融合和创新发展趋势更加明显。因此，数智时代为财务会计带来了新的机遇和挑战，财务会计需要不断创新和发展，以适应时代的需求和变化。

一、智能化会计信息处理

在数智时代，企业运营产生大量数据，财务会计需要处理的数据量也大幅增加。因此，财务会计需要借助大数据、云计算等先进技术，提高数据处理和分析能力，以满足企业内部管理和外部监管的需求。

会计信息处理智能化发展顺应时代发展趋势，利用现代科技，注入传统会计领域，将会计计算体系与信息技术整合，建立现代化、智能化的会计信息系统，从而响应"互联网+"的发展进程。这一体系的工作机制是利用其智能计算能力处理分析大数据并生成报告，将最终结果通过互联网终端呈现出来。

（一）会计信息处理环境得到改善

信息技术的深入发展，对会计专业领域产生了巨大影响，在扩大外延的同时推动内部变革。一方面，专业与产业交叉协同发展，联系更加紧密，这倒逼会计人员转变传统的信息处理思维，结合时代发展潮流，依托高新科技手段，如大数据、云计算等，寻求会计工作的发展新方向。另一方面，信息技术的迭代升级影响企业需求，企业要求会计信息处理朝智能化、科学化发展。在推进会计信息处理智能化的过程中，必须考虑到企业内部环境的影响，促进各管理系统和业务系统与信息处理系统的动态融合。管理层在多变的内部环境中实时关注问题，及时解决，与时俱进，不断调整系统运行，做到充分发挥会计信息处理智能化的优势。

（二）有效防控技术风险

构建会计信息处理智能化系统要注意在整体层面把握风险。若系统运行过程出现崩溃或者安全漏洞等问题，需要及时修复，快速消除安全隐患，防止风险与损失的扩大。为了保证系统的正常运行，需要以企业的实况作为依据，不断调整优化系统，使两者更加匹配。在维护环节需要设置固定的时间节点，定期检测和维修系统，设置高级安全密钥，确保防火墙正常运行。在系统应用过程中，要重视应急方案的提前制订，如紧急情况预警方案，将潜在问题罗列出来制成清单，逐一预设解决方案，这样能够尽可能避免突发性问题对系统运行产生的不良影响，从而提高企业的抗风险能力和应急处理能力。

二、智能化决策支持

随着人工智能、机器学习等技术的发展，财务会计可以利用这些技术为企业提供更加智能化的决策支持。例如，通过对历史数据的分析，预测未来的财务状况和经营趋势，为企业的战略决策提供有力支持。在人工智能系统被有效运用的背景下，人工智能在财务领域的应用也得到了越来越多企业的重视。在数智时代，人工智能通过高效的信息获取技术，将大数据中有价值的数据传到人工智能的数据库中，并借助人工智能技术对各项数据进行分析，形成相应的财务决策，为企业的工作提供支持。因此，数智时代下对人工智能的应用将有效提高企业财务决策水平。

构建人工智能下的财务决策系统，将为企业的决策者提供更加全面、准确的决策信息，在符合成本效益原则的前提下，提高财务决策的客观性、科学性，减小非理性决策产生的概率，并通过人工智能系统的有效应用实现对大数据中各项数据的挖掘、整理。企业在收到决策目标时，根据其相关信息进行画像匹配得出决策方案，借助人机交互系统输出决策方案。同时，人工智能系统在每次决策的过程中，都对财务决策目标匹配性等进行评价并开展自主学习，以不断提高决策质量。

三、持续完善财务报告形式

数智时代，企业的财务报告方式也在发生变化。传统的财务报告已经不能满足内外部用户的需求，因此，企业需要借助数字化手段，提供更加全面、及时、透明的财务报告和信息披露。

第一，财务数智化能够提高会计报告的基础信息质量。会计报告的好坏取决于基础信息质量的好坏，为了满足企业的价值管理需求，需要提升会计报告的基础信息质量。数字技术的优势在于数据采集、共享的能力，通过构建数据中台，收集并动态记录企业的内外部数据，形成数据库，并统一标准化为能够在各部门间共享的数据，从而实现数据的流通与利用。这种基础数据共享能够最大化均衡企业内部信息，分析数据的相关性，深挖因果关系链，提高会计报告的质量。区块链去中心化数据分布管理和不对称加密底层技术保证核心数据的安全管理，确保报告的可靠性。财务数智化系统还能够提升报告的生成效率，通过信息的快速生成与传递、接受，对接各层级系统，大大减少了数据核对和整理的时间成本，确保信息和报告的时效性。

第二，财务数智化能够提高会计报告的信息加工质量。会计报告分为业务层、经营层和战略层，前两者要求内容完整，分析深入，战略层要求呈现数据间的因果关系。会计报告是否能够准确完美地展现三个层面的需求，关键就在于信息加工质量是否足够好。

第三，财务数智化能够提高会计报告的信息披露质量。数智化促进报告的信息披露方式，有利于充分发挥管理会计报告的功能。数据中台集中了企业数据，使有使用需求的各部门能够被动接受和主动索取会计报告和财务信息，财务部门也可以针对部门的差异提供个性化信息。人工智能和数字技术的数据处理能力能够及时收集信息，生成报告，从而改变信息披露方式为实时模式。同时，结构化和非结构化的数据转换让会计报告可视化，便于决策者理解。

四、财务内部控制不断优化

数智时代，企业的内部控制和风险管理也面临着新的挑战。财务会计需要借助先进的技术手段，完善内部控制体系，提高风险管理水平，确保企业的稳健运营。

（一）内部控制目标精准化

企业的发展必须时刻动态调整、优化内部控制体系，根据发展的内在需求，保证财务管理适应时代发展趋势。反之，如果财务内部控制体系无法满足现代化管理的需求，无法与当下财务共享服务重心发展相统一，就会对企业的经营状况产生不利影响。因此，企业要结合财务共享服务特征，筛选有用信息，精准对接需求，提高企业财务管理工作的秩序化、规范化，保证经营决策的落实，从而助力财务管理和企业发展。值得关注的是，要将明确目标放在首位。在财务内部控制体系建立初期，必须明确体系建立的目标，从而指导后续工作的开展，核查财务报表信息和企业资产安全，防范化解潜在的财务风险，提升企业的财务内部控制效率与质量，提高抗风险能力，促进战略目标的实现。

（二）内部控制流程不断优化

一方面，数智时代的企业财务管理工作要注重科学性与合理性，基于原有流程，结合具体实际，不断动态优化调整财务内部控制流程，实现数据的完善处理。另一方面，重点关注重要业务，拓展企业的经营范围，解决关键问题。管理层要全面优化内部控制流程，深入思考分析问题。构建财务内部控制稽核质量控制体系，逐层级细化各项业务，加大排查力度，规范操作行为。重点监察关键数据信息，例如会计账户、会计报告、会计报表等，明确资金核算目的，规范资金核算标准，落实财务管理制度和内部控制机制，做到第一时间发现并处理问题，从而避免企业遭受巨大的风险和损失，免受倒闭危机的威胁。

（三）中心系统管理不断优化

全面落实财务内控机制，确保财务管理工作的进行，需要借助数智技术扩大财务共享价值。过去，我国的企业组织模型以金字塔型为主，内部层级复杂，在开展工作的过程中因为不同层级的错位而无法有效衔接，降低了工作效率，增大了工作重复性，无法保证质量。为解决这一现状，企业要提高对中心系统的管理，优化财务管理流程，改进财务管理模式，畅通部门交流与信息共享，打破岗位协商壁垒，构建扁平化的企业管理模式。同时，将信息共享模式内嵌于财务管理工作，确保信息共享的源头环节顺利开展，从而解决企业内部的信息差问题。

（四）强化企业内部审计监督

数智时代的财务内部控制工作要求科学合理的内部审计监督，它能够保证实现企业的财务内部控制目标。具体工作的开展可从以下方面着手。

首先，设立审计委员会。将财务审计工作独立出来，保证财务内部控制的有效性。严格监管落实企业的财务自我评价和内部控制进程，协调处理财务审计的相关工作，确保工作的顺利推进。其次，不断提高内部审计质量。充分发挥内部审计的作用，科学合理地实施内部审计工作，促进企业运营的稳定性、规范性、科学性，实现企业的生产经营管理目标。与此同时，及时发现并解决日常经营管理中出现的问题，优化管理效果。最后，实施多样化的内部审计方式。依托信息技术和共享技术，便利数据的传递、分析、整合，宏观把握企业的相关信息，实现动态调整。

五、财务会计的创新发展

在数智时代，财务会计需要与其他领域进行跨界融合，创新发展。例如，与业务部门、信息技术部门等紧密合作，共同推动企业的数字化转型和升级。当前，我国各个市场企业在经营发展过程中都会面临较为复杂的经营环境。而财务会计体系融入数智化进行创新发展以后，就能够结合企业的具体业务和内外部环境的基本现状，提供契合于企业战略发展的财务会计信息，最终也就能够辅助企业更好地实现各类战略发展目标。透过财务会计创新的发展与格局转变，就能够促使各个企业实现对于自身财务管理格局的现代化转变，并带动企业内部管理体系的变化，实现对现代化管理制度内容的贯彻。

（一）领导者对财务会计的重视程度不断提高

各个企业的领导者应该在平时运营发展的过程中，积极关注国内企业在数智时代财务会计创新方面的应用现状和相关经验，并结合当前自身企业内部业务的具体现状来进行分析，明确财务会计创新发展的重要意义。比如各个企业领导者可以通过企业实施财务创新发展，并建立财务共享服务体系的相关案例，进而充分认识到财务会计创新发展的重要价值。除此之外，还应积极前往同行业成功企业进行参观，明确这些企业在财务会计创新方面的经验，并明确这些企业因为财务创新发展而取得的成就，这样才能够真正重视数智时代财务会计创新体系，有利于企业各类财务创新模式在企业内部贯彻。

（二）积极选择合适的财务会计创新模式

在数智时代，对于各个企业来说，在贯彻使用财务会计创新模式的同时也应该根据自身业务现状以及战略发展需求，合理选择财务会计创新模式，从而合理降低自身进行财务会计创新的成本，缓解自身资金比较欠缺的压力。在这个过程中，各个企业应该避免将核心业务和核心财务信息放置在互联网中，从而保证这部分信息的安全性，避免在这方面受到不必要的损失。特别是面对当前资金不足的问题，各个企业在后续发展中应该能够深入全面地分析与探讨企业的内外部环境现状，并明确企业在整个行业环境中所处的格局与位置。在具体选择财务会计创新模式的时候，不要过度限制自身在这方面的资金投入，而应该明确财务会计管理创新投入与最终收益之间的关联，并以长远发展的眼光来看待财务会计的创新活动。这样，各个企业就能够明确自身在财务会计创新过程中进行成本投入的战略目标与价值，最终也就能够较好地实现与贯彻数智时代财务会计创新模式。

（三）财务人员综合能力不断提高

对于各个企业来说，在数智时代的后续发展中要能够不断提高内部财务人员队伍的综合素质水平。一方面，企业在招收财务人员的时候，就应该适当提高招聘的标准，针对财务创新管理人员提供较高的薪酬支持，面向社会积极吸收一些高素质的创新型财务管理人才。另一方面，企业应该在内部构建一套相对完善的培训体系，并结合企业当前要使用的财务会计创新模式进行专项的培训教育。为了充分保证人才培养的成效，各个企业还应该在财务会计教育培养模式中附加相应的考核指标体系，充分反映各个财务管理人员在整体教育培养活动中的具体表现，以及最终取得的相应教育培训效果，在完成考核以后，就应该按照既定的奖惩体系来进行相应的管理。即针对那些在培训活动中表现较好的财务人员进行奖金、晋升等方面的奖励；而对于那些在培训活动中表现不好的财务管理人员进行罚款等。这样可以充分调动各个财务管理人员参与培训的积极性，显著增强培训效果，使财务人员在财务会计创新方面具有较好的专业素养，从而促使财务会计创新体系更加完善。

第二节　数智时代财务会计思路的创新

一、财务会计与大数据的创新融合

在企业内部，财务部门与数据联系最为紧密。借助现代信息技术，财务部门收集整理海量的信息资源，为管理层进行财务分析提供有力支撑。大规模、结构复杂的大数据集合，可以在短时间内完成数据的获取、存储、管理、共享、分析，从而发挥巨大的利用价值。结合现有研究，可以总结出大数据的几个特点：数据量迅速且持续增加、数据输入/输出速度快、数据类型和来源多样化、数据价值密度低。

2013 年，由北京理工大学管理与经济学院承办的中国会计学会第十二届全国会计信息化年会提出加快会计理论创新的建议。来自金蝶软件（中国）有限公司的赵亮强调会计大数据的发展，且相比于外部会计大数据，内部会计大数据占据先位。

会计大数据拓展延伸原有的会计数据，是会计相关信息的集合，既囊括企业内部各部门拥有的共享信息，也包含企业外部的同行业公开信息。后者通过物联网从公开网站获取竞争对手的财务报告、国家 GNP① 指标等所能见到的所有会计数据资料，服务于企业的经营目标。同时，会计大数据既包括原始会计数据，又有加工分析后的会计信息。后者主要为各部门所需的个性化会计信息：生产部门的产品数据和信息、销售部门的客户数据和信息、采购部门的供应商数据和信息。依据不同的标准，会计大数据有不同的分类：按照内容可分为非财务会计数据和财务会计数据；依据获取方式可分为非结构化数据、半结构化数据和结构化数据。总结起来，会计大数据有如下特征。

（一）规模庞大

会计大数据的延伸性表明其规模庞大：既包括企业内部所有部门的会计数据，也包括企业外部所能获取的公开会计数据；既有原始数据，又有加工信息。据统计，会计大数据的数据量能达到 PB、EB 甚至 ZB 级别。

（二）种类繁多

会计大数据的分类多样，因此种类也多样，包括数据内容不同的财务会计数据和非财务会计数据，获取方式不同的非结构化数据、半结构化数据和结构化数据。其中，非结构化数据和半结构化数据主要有购销合同、

---

① 国民生产总值（Gross National Product，GNP），是一个国家（或地区）所有常住单位在一定时期（通常为一年）内收入初次分配的最终结果，是一定时期内本国的生产要素所有者所占有的最终产品和服务的总价值。

发票图片、网页资料等。

（三）输入/输出速度快

随着 IT 技术的变革发展、物联网的普及覆盖，遍布全球的手机端、PC 端、传感器成为产生和接收数据的来源与载体。传统会计数据缺乏时效性，对比会计大数据的秒级数据处理与分析速度，时间价值相形见绌，竞争劣势不言自明。

但是会计大数据并非没有弱点，它的产生依赖业务。可以说，它对企业业务的依赖性自存在那一刻起便已经有了。与此同时，会计大数据具有无形性。因为它不仅由简单的数据组成，还包括加工后的会计信息。

数智时代，企业财会也要赶上发展的潮流，积极面对机遇与挑战，发掘自身优势，在激烈的竞争环境中脱颖而出。中小企业尤其要注意这一点，重视并发挥大数据的优势，展现企业特色，树立自身品牌。以内部小数据为出发点，中小企业要加强自我管理，依据体量小的特点，发挥精准灵活的潜在优势，逐步完善供产销体系和管理体系，并结合内外部实际实现体系的动态调整，获取更多经济效益。因此，于企业发展而言，财务会计工作与大数据技术结合是时代发展的必然趋势。企业应充分利用发挥信息技术的优势，引进先进理念，更新信息技术，坚持目标导向，坚持因地制宜，创新管理方法，尽可能地提高财务会计工作的效率和质量，从而为企业带来更高的经济利润，实现可持续发展。

二、云计算技术的有效运用

数智时代，企业会产生许多非结构化数据信息。在企业运营发展中，生产、供销等各个环节都会产生大量数据。因此，管理会计信息要求深度处理这些数据信息，挖掘蕴含的价值，并体现在大数据财务会计工作中。

（一）应用信息技术

云计算根本上是信息技术，所以企业财务会计人员若要熟练应用云计算，就必须深入学习现代信息技术。一方面，要学会利用现代化信息技术，如大数据，收集、整理、分析和储存财会信息，构建完善的财务会计信息系统，实现信息共享，支撑财会工作各环节和流程的现代化和智能化。另一方面，要落实信息技术应用的常态化机制，定期更新、维护财务会计信息系统，迭代升级信息技术，提高信息水平和技术难度，以应对企业降低信贷资金所带来的风险和损失，以此提升商业银行信贷资金的管理效率，提升信贷资产的质量，促进商业银行的健康发展。

（二）完善信息化管理

财会信息化助力企业管理的标准化。财会信息化以云计算技术为基础，其发展与特点有助于改善企业的管理现状。第一，不同的企业有不同的经营发展战略，很难实现标准化管理。但是推广云计算成为发展趋势的现状促使企业及时做出改变，发展专业化、标准化管理，以适应环境变化，加强市场竞争力。第二，云计算技术的可扩展性利于企业精准灵活地把握和调整财务核算环节，整合不同部门的工作平台，实现行政、业务、财务等部门的在线协作和无缝衔接，促进标准化管理的形成。因此，企业应该结合数据处理分析技术和云计算系统，充分发挥两者的数据处理优势，提升技术的含金量，加工海量的网络数据信息，筛选价值数据，实现非结构化数据向半结构化数据，最后向结构化信息的转变，完成数据资源的整合和存储工作。第三，在数据处理分析技术和云计算系统中融入数据挖掘技术，结合实际需求，掌握信息含义，推动财务会计信息分析技术不断完善，提升技术应用水平，打破当前存在的一些局限，高效分析、处理、筛选价值数据，完成对大数据体系的加工处理。

三、健全信息技术保密制度

传统的信息化模式已无法适应现代化信息技术的发展，无力应对日新月异的数据，不能及时挖掘分析信息，最终使信息闭塞，给企业战略规划的制订带来负面影响。而云计算技术可以基于企业发展实情更新、备份数据，并将其上传到云存储中。同时，云计算技术给不同企业处理预算控制、成本核算等会计信息提供个性化服务，财会工作人员仅需借助浏览器便可访问应用软件，享受云服务商提供的其他技术支持和服务，实时共享企业内外部信息。也是基于此，企业应该更加注重信息技术的安全性，及时发现并处理安全漏洞，完善风险应对机制，保证信息传输、共享过程的可靠性以及安全性，长远维护企业与客户之间的良好关系。

一是，调查服务商的信誉。通过外包的形式，考察服务商的服务水平，多方权衡，选择知名度高、安全性强的云计算服务平台商，提高合作质量，降低信息泄露的风险，避免巨额经济损失。二是，提高数据处理水平。企业在运用云计算技术时，配合加密技术，针对解决篡改和伪造数据、非法访问等各种不法行为。如在收集客户资料时，通过设置，将信息共享的选择权交给客户，让他们决定是否共享，并加密拒绝共享的数据信息，保证信息存储的安全。

此外，云计算还能够在长周期维护、业务决策支撑、科研高性能计算等领域发挥优势。云计算与边缘计算是互补协同关系，前者更适合全局性、非实时的较大规模资源占用的场景，后者则适合局部性、实时、短周期的小规模资源占用的场景，两者结合能更好地支撑本地业务的实时智能化决策与执行。企业可以将数据信息存储进远程数据中心并进行计算，需要时通过网络访问存储系统，这将大大提高工作效率，降低信息化建设成本。

第三节　数智时代财务会计模式的创新

一、"智能+会计"的创新

"智能+会计"的根本在于将新技术和新思维融入会计工作，而并非在传统的工作模式中以 AI 技术替代人工。"智能+会计"不仅使会计业务流程的质量、效率有所提高，而且能够创新会计模式，更新会计工作，推动整个行业全方位、多层次的自我变革。

"智能+会计"的终极目标是构建一个能够自主感知、学习、决策、执行、控制和适应的智慧会计系统。在算法和算力的支持下，根据数字化和智能化不同发展阶段的组合，"智能+会计"模式的形态可分为信息化、数字化、智能化和智慧化，分别对应计算智能、分析智能、融合智能和自主智能四个 AI 技术发展阶段。

（一）计算智能

在低水平的数智化阶段，会计工作也处于较为低级的信息化会计水平。AI 技术的基础性智能计算作用应用于会计信息的加工阶段，以替代部分人工。财务会计工作的一大特点是流程具有稳定性，算法处理低级，大多为数值型数据处理，且不同组织使用的工作方式大致相同。因此，随着微型计算机的发展，20 世纪 60 年代末到 20 世纪 70 年代中期，发达国家①快速普及会计电算化，以推动实现财务会计流程的自动化。于是，计算机进入会计工作领域，代替大量工作岗位，使一部分财务会计人员开始从事财务管理、信息开发、信息实施与信息维护的工作。

20 世纪 80 年代，经济竞争日益激烈，出现了许多的管理模式，如全面质量管理、准时制造管理和柔性制造管理等。会计在决策过程中起到的主要支撑作用受到企业其他部门的冲击。20 世纪 90 年代，企业数字化程度不断提高，优化 ERP（enterprise resource planning，ERP）系统、重组业务流程，企业通过一套"组合拳"，整合生产经营的全过程，集中控制了预算、制造、供应链、销售、人力资源、财务会计、客户服务等全业务流程。会计与其他业务合流，会计信息生产向自动化转变，且地位逐步让位于企业内的其他部门。为了应对局面，会计工作要么构建新的管理和技术体系，要么转移工作重心，重视前端工作，扩大工作范围，如财务和非财务信息生产、咨询、解释等。这一阶段就是会计信息化。

---

① 发达国家是指那些经济和社会发展水准较高、人民生活水准较高的国家，又称作高经济开发国家。

会计信息化的显著特征是数据转换，原本代表业务事件的属性被录入系统，成为结构化数据。当时通用的 ERP 系统是数字化管理的基础，在数据采集、存储、处理方面存在局限性，所以需要人工录入代表业务事件属性的信息，信息不全面使数字化管理难以实现。

（二）分析智能

21 世纪，新一轮的科技革命如火如荼。互联网迅猛发展，网络技术的更新应用日新月异，多源异构数据大量涌现，云计算技术改变了社会的数字化进程，可以说，大数据时代已然来临。第四次工业革命推进也给企业发展带来变革。物联网、实时定位系统（real time location systems，RTLS）、射频识别（radio frequency identification，RFID）、增强现实（augmented reality，AR）和虚拟现实（virtual reality，VR）技术的应用，提高了企业的数字化集成水平，增强了企业内部各业务单元、企业与顾客以及不同企业之间的价值联系。

企业的智能工厂建立信息物理系统，沟通了物理世界与信息世界。传感器被应用于业务需求检测，互联网与其他远程生产工具建立通信系统，大数据成为生产信息获取的途径。高科技走入工厂倒逼企业数字化转型。会计工作要抓住这一机遇与挑战，创新数字化会计模式，开创发展新空间。

数字化是信息化的阶段，两者的不同体现在数据采集录入环节。信息化需要人工录入，而数字化完全由机器自动完成。数字化会计是基于大数据驱动的模式创新。现有的研究指出，将大数据应用于会计工作会对传统会计工作模式形成巨大冲击，破坏原有模式，数据记录和管理会计技术将变得落后，会计工作迎来重大变革。大数据技术深刻影响了会计工作和从业人员，成本预算与分析、资产评估等工作能够拥有替代方案，管理者获取海量信息以支撑决策，会计在业务工作中的主角地位受到影响。

在这一背景下，传统的 ERP 系统无法应对大量多变的多源异构数据，这就需要大数据技术。企业可以通过大数据技术建立虚拟数据仓库，整合多源异构数据，在保证数据安全性和保密性的前提下实现数据共享，打破原本的互联互通壁垒，利用大数据分析工具进行数据分析。

因此，数字化会计阶段的会计人员的工作重心是数据分析，分析多源异构数据尤其是非结构化的大数据，为信息需求者提供解释和咨询，而不是信息录入这样的原始工作。数字化会计阶段对 AI 智能分析技术提出要求，但此时的智能化科技水平无法满足要求，只能基于历史数据的描述性分析完成初步的预测工作。所以，此时的分析工作还是依赖人工，而海量的信息极大地增加了劳动强度，降低了处理速度。

（三）融合智能

会计工作涉及大量的专业判断，过程复杂易错，这对会计人员的工作经验提出了很高的要求。智能化会计旨在以 AI 介入专业判断工作，减少人工干预，将会计工作人员从繁重的专业判断工作中解放出来。20 世纪 80 年代，专家系统被研制出来，这是最早将 AI 技术应用于会计领域的科技成果，主要功能包括审计计划、内部控制评估、风险评估、坏账准备测试、税务筹划、银行破产预测等。专家系统的得名来源于研发者企图复制和存储人类专家的行为和专业知识，并将其转化为可规范的数据，从而应用于会计问题的解决和会计任务的执行。但是，专家系统终究无法代替人类，且当时的 AI 技术水平不高，专家系统既无法拥有人类的感官功能，也不具备推理和学习的能力，所以无法发挥出更大的优势。不久后，以专家系统为代表的 AI 软件程序被弃用，研发工作也进入瓶颈期。

形成这一窘境的原因是多方面的，关键在于当时 AI 技术落后，算法、算力等信息技术层次较低，无法满足 AI 向深层次的人工智能发展，从而使理论设计与现实情况之间出现割裂。严格来说，就本书的 AI 定义而言，当时的专家系统还称不上 AI。专家系统假设人类智能可以通过自上而下的方法形式化为一系列"如果（if）—那么（then）"程序语句的规则集合，这是旧知识的总结应用，而非新知识的学习内化。但无可否认的是，这一技术应用与专业判断还是有无法替代的优势的。

ERP 系统的普及使结构化数据被大量利用，此时的专家系统需要提升智能水平，学习人类的思维和学习能力。但在技术落后的情况下，AI 的智能化水平达不到较高水准，应用范围十分有限，还是需要人工的干预。此时，结合人类与 AI 的优势，取长补短，形成人机融合智能的分工模式是最优解。

在以非结构化数据为主的大数据时代，结构化数据依然是"智能+会计"的立足之本。若要提升专家系统的智能化水平，企业、行业和政府等就应该有条件共享自己的结构化数据库，互通有无。

目前，会计工作已进入智能化会计阶段，人工成本被大大压缩。使用区块链技术可以安全、完整地传递数据；多系统交互任务中使用了机器人流程自动化（robotic process automation，RPA），会计工作的智能化、自动化水平达到前所未有的高度，原本的工作内容也仅有人机交互中的判断和决策部分。

（四）自主智能

智能化会计的另一阶段是智慧化会计，智能化会计和智慧化会计二者的区别在于机器的自主性。智能化会计的 AI 侧重于模拟，停留在自动层面，但是智慧化会计的 AI 试图拥有自主性，发挥技术优势，展现机器的创新与创造。后者的 AI 才是本书所界定的人工智能，即不仅能够解释数据，而且可以依据已有材料进行深度学习。随着算法训练的多样化和常规化，AI 也越来越逼近人类智慧，专业判断和决策也会更加正确高效，这也是"智能+会计"的目标。"智能+会计"希望 AI 能够走向自主智能阶段，构建具有自主学习、感知、控制和适应能力的系统，以弥补此前专家系统的不足。

自主智能阶段，AI 技术的新理念与新技术会重构会计工作的内容，突破传统会计的思维局限，推动会计行业的发展。

二、"互联网+会计"的创新

会计电算化的出现使会计信息处理有了质的飞跃，互联网技术推动了会计信息系统从桌面走向网络，单机工作系统的不足日趋明显。为了适应环境，"互联网+"时代会计信息系统应运而生，弥补了会计电算化的不足，使会计工作从理论观念到工作方式、手段等都有了重大的发展，成了会计发展的新领域。

"互联网+"时代会计信息系统是基于网络计算技术，以实现联网环境下财务管理模式、财会工作方式及其各项功能，从而实现管理信息化的系统。

"互联网+"技术深度融合了互联网的创新成果和经济社会各领域，推动技术进步、效率提升和组织变革，提升实体经济创新力，加快形成以互联网为基础设施、涉及更多领域、拥有更高科技含量的新生产力。随着"互联网+"技术的推广普及，各行各业的工作管理模式发生重大变革。财务会计工作与互联网融合，开发出在线财务管理咨询、网络代理记账、云会计与云审计服务的新型会计审计服务模式；会计信息化加快形成，财务一体化进程持续推进，以共享为中心的财务服务模式逐渐完善；会计管理手段更新，以互联网平台为依托，管理模式更加科学合理，出现了在线受理、联网管理等新方式；会计人才培养方式也随之改变，线上教育培训和考试考核成为主要方式。

此外，"互联网+"的理念顺应改革创新的趋势，影响现代产业变革，为产业发展注入新鲜活力。深入分析"互联网+"飞速发展的原因，在于其自身的独特优势。其一，互联网具有实时性。互联网能够在记录数据的同时收集数据，并且进行沟通交流，契合信息化社会及时传递信息的要求。其二，互联网具有公平性。个体在互联网上享有平等权利，每个人都可以发布和获取信息。但是这种公平性一方面保证了信息的交互与丰富，另一方面也给人们筛选信息带来挑战，要求人们具备高水平的信息判断能力。其三，互联网具有超时空性。人们可以随时随地在互联网上获取信息，不受时间和空间的局限，这极大地满足了信息爆炸时代社会和个体发展的需要。

"互联网+会计"建立在互联网技术的基础上，运用云计算、大数据等高新技术，整合和传递会计信息。一方面，在这一阶段，互联网技术打破了传统会计工作方式的局限性，为会计工作的发展提供新的方向和技术支撑。这不仅在一定程度上将会计工作人员从烦琐复杂的信息整合、分类工作中解放出来，而且使信息处理更加规范，使会计核算更加便捷，使财务管理系统更加准确。另一方面，"互联网+会计"为企业等组织提供的会计信息更加及时、准确、全面。会计信息使用者对信息的处理速度、质量和范围提出了更高的要求，以应对和激化互联网时代更加激烈的市场竞争。总之，"互联网+"与会计工作的结合，参与了信息处理、财务管理等各个阶段，促进财务会计向管理会计的转型。

因此，要积极推进"互联网+会计"的发展，就要做到以下四方面。

第一，于政府而言，要结合时代背景营造有利的政策环境。出台、完善相关的制度体系，如会计标准体系等，加快修订相关法律法规，促进会计工作与时代的深度融合。同时，也要加强人才队伍建设，稳步推进会计工作人员接受互联网技术的相关培训与学习，通过会计考试、继续教育、加强监管等方式提升会计工作人员素质。这样就能利用"互联网+会计"规范管理，提高效能，深化管理与监督一体化。

第二，于企业而言，要转变思维观念，积极应对"互联网+会计"的时代。一方面，企业要充分认识到"互联网+会计"对会计乃至整个行业的深刻影响，根据实际情况调整思维模式、数据处理模式和商业模式，改变管理思维、经营理念和组织架构，利用好互联网技术在信息交换、数据汇总、集成管控等方面的优势。另一方面，企业也要重新设置会计岗位职能，充分发挥会计工作人员的能力和财务部门的决策作用，加强企业的内部控制。

第三，于会计师事务所而言，要抓住"互联网+会计"推动"智能审计"工作。面对信息化建设加快发展的潮流，会计师事务所应将云计算、大数据等互联网技术融入系统，完善审计软件的升级应用，强化协同办公管理、行业信息管理和行业信息化咨询服务等工作的智能化，加快发展线上业务，切实提升会计行业服务国家战略的水平。

第四，于会计从业者而言，要奋发学习，提升自己应对风险与挑战的能力。会计从业者应该顺应时势，把握互联网技术带来的挑战，不断学习和应用云计算、大数据等信息技术，借助新工具辅助完成财务管理工作，更高效、准确地进行分析、决策工作。同时，会计从业者也要加强自身的国际化素养，承接境外企业会计外包业务，借助互联网打开的境外市场，帮助企业更好地"走出去"。

三、财务共享服务的创新

企业在扩张过程中，经营范围越来越广，分布地区越来越多，管理层也相应扩大。随着"互联网+"技术与社会的深入融合，会计工作的问题也不断出现。

第一，公司规模的扩大提高了数据收集、整理的难度。企业生产经营创造出更多的数据，增加了数据处理的工作量，也相应增加了各种成本。第二，分地区的扩大使部门之间脱节。子公司的财务部门和集团本部的财务部门在工作上不可避免地出现偏差，对制度理解不一致，形成财务工作的分歧。第三，管理层扩大降低工作效率。增多的管理层级容易形成多头管理，阻碍财务部门与上级的顺利沟通，影响部门之间的交流合作。长此以往，财务工作注重数据核算而疏于数据分析，管理会计的作用被忽视，数据分析的全面性无法保证。

"互联网+"时代要求企业正视这些矛盾，创新财务工作思维和管理模式，运用新技术和新手段，从根本上突破传统财务工作的窠臼。

"互联网+"时代打破了时空界限，使企业发展不受时间和空间的限制，创造企业价值的方式在依赖网络管理的基础上也更加多元化，打破了以往的单一价值链。因此，许多跨国公司和国内大型公司开始掀起一场推广、普及财务共享服务的管理模式变革。财务共享服务要求标准规范的管理，整合运营业务和流程，以提高管理效率，压缩管理成本，提升服务水平，减轻工作压力，解决大型企业财务组织重复性建设和效率低下等问题，推动财务会计向管理会计的转型。

财务共享服务的普及也引起了政府的关注，相关的政策扶持力度也在逐渐加大。中兴通讯股份有限公司前副总裁、财务总监韦在胜对建立财务共享服务颇有见地，他曾言：财务人员收集、整理数据，使财务数据更加集中，通过服务更好地诠释数据，传递数据分析，运用研究结果，从而更好地辅助企业的经营活动，使企业在数据的支撑下，能够更好地规划战略，扩张经营，这就是财务共享服务。财务共享服务强化了财务部门在企业内部的地位，要求其支撑企业的经营决策和业务导向等工作。因此，财务共享服务可以提高财务工作者的管理能力，保证财务部门与企业发展的方向一致，增强财务工作的创造力。

第四节　数智时代财务会计工作管理的创新

"互联网+"时代，传统的会计理论和管理模式已无法满足经济社会发展的需求，这要求企业更新财务会计理论，创新管理模式，让会计行业跟上时代步伐，在市场中立足。更新财务会计理论既能够整合会计内部工作，提高会计工作效率，也能够促进会计行业的创新发展，使其立足于市场参与竞争。

一、内部体系创新

（一）推动实现会计管理系统化

会计系统是一个封闭性和开放性并存的有机整体，由若干相互联系和作用的要素组成，具有特定功能。依照不同分类标准，会计系统可以划分为会计预测、会计决策、财务计划、会计控制、会计考核、会计分析等子系统。由于会计系统的运行受系统内外部各种因素的影响，因此，对整体系统和子系统的管理也显得极其必要。随着社会经济的不断发展，会计对象越来越复杂，会计走向系统管理是必然的。

（二）不断更新管理理念

经济社会不断发展，互联网不断更新，网络技术与各行各业不断进行深度融合。"互联网+会计"不仅能够提高会计工作的效率，还能够保证会计信息的安全。因此，要推动会计行业的发展壮大，必须创新会计内部体系。

在信息化背景下，要想切实推进财务会计工作的创新管理，务必要从管理理念层面入手，为具体实践打下良好的基础。具体来说，首先，应当针对信息时代的概念树立正确的认识，引导现有的财务会计工作与互联网进行有机结合，进而推动财务会计工作朝着智能化、数字化、信息化方向发展。其次，应当积极创新现有的管理模式，运用信息时代强调的"价值链"概念，引导财务会计工作深化与企业日常各项管理工作的对接，进一步拓展财务会计工作的覆盖范围，为企业的经营管理提供便利。例如，利用大数据技术，综合处理、分析会计信息和数据，为企业发展决策提供数据支撑；利用"云存储"功能，共享会计信息，借鉴成功经验与管理模式，创新企业内部的财务管理体系。

（三）创新管理体系

首先，改革创新现有管理体系，有效推进财务会计工作的转型升级。积极借鉴先进的财务会计管理体系，促进财会工作与企业管理体系的深入结合，借助整合力量进一步深化管理效果创新。例如，可以借鉴监察机构的联席会议机制，将其与财务会计管理有机结合，引导企业内部多个职能部门共同推进财务会计工作的研究与发展；还可以借助广域网提供的便捷优势，加强与政府、生意合作伙伴及消费者之间的密切联系，扩大财务会计管理的职权范围，进一步促进管理效率的有效提高。

其次，财务会计管理法制化，完善相关法规制度，强效保障具体执行。领导层面应当着重加强对国家相关法规政策的学习，利用法制化手段加强对财务会计工作的严格管理，确保具体执行有法可依、有制可循。同时，还应当以《会计法》的相关规定为准绳，与企业的实际经营状况相结合，切实制定出配套合理的制度与措施，这既能够保障财务会计工作人员认真履行核算职责，又可以对其行为进行合理监督。此外，通过法制化建设，能够使财务会计人员提高对其自身职能的全面认知，当发现工作人员未认真履职或出现工作失误时，可以依据相关规定对其进行批评、教育与处罚，进而使其充分吸收经验教训，提高具体工作的执行力度，确保其工作有法可依、违法必究。

最后，健全财务管理创新机制，优化财务管理体系，加强财务管理信息化建设。第一，立足于现阶段的实际情况，优化资源配置，开发财务管理软件，对接移动设备，便捷信息数据的录入、存储。第二，创新现有财务管理机制，开发软件的服务端口，培训财务管理人员的网络技术应用能力，充分发挥网络技术的优势。通过建立网络信息系统，打通财务信息的流通，推进财务管理信息化。

（四）推进信息安全保障

当前，网络经济的平台优势逐渐显现，这为财务会计管理的创新提供了借鉴意义。因此，应着手建设一体化管理平台，与此同时加强电子商务平台的建设，将其与财务管理平台进行有机对接，减少不必要的中间环节，这既能够提高信息传递与工作的效率，又能够有效节约运营成本，实现财务会计信息的实时获取与远程控制。同时，借助电子信息与网络技术，可以安排专人负责开发一款基于移动平台的 App，专门用于财务会计"移动管理"工作，这样就可以随时随地开展财务会计管理工作，时效会大大提高。此外，需要注意的是，信息时代互联网虽然具有显著的优势，但其背后暗含的信息安全问题同样不容忽视。在进行财务会计管理的过程中，一定要树立牢固的安全风险防范意识，确保相关重要信息的安全性。在开展具体工作时，应当要求工作人员使用正规、安全的软件，并且加装防火墙与杀毒软件，在保障信息安全的同时确保软件顺利运行。

（五）完善审计制度

要想实现财务会计的创新管理，除借助信息化手段进行创新外，还应当建立健全审计制度，以加强企业的内部监管控制。具体来说，监管控制应包含相关预算资金的支出、财会信息是否全面真实等，还应建立全面有效的责任制度，确保每项工作都由专人执行、专人问责，实现财务会计工作的标准化、制度化管理。

同时，审计制度的建设有助于更好地针对重、难点工作项目进行稽查核实，这在一定程度上有助于规范财务会计工作人员与管理者的行为，为企业利益提供保障，进一步规范企业的财务会计管理工作，使其步入制度化、体系化道路，实现良性发展。

二、会计管理工作创新

（一）加强网络化发展

创新会计管理工作能够提高工作效率，推进工作开展。传统的会计管理工作需要大量人工参与海量数据的整理、核算和分析工作，工作任务繁重，管理难度大，一旦数据出现错误，会计工作人员就需要重新检查数据，工作量就会剧增，损失也会更大。针对这样的现状，创新会计管理工作势在必行。将信息技术融入管理工作，快速管理规划会计信息，提高会计工作效率，能够促进会计行业的发展壮大。

会计工作网络化发展的特点如下。

1. 实时性

通过互联网，会计人员可以随时随地运用网络技术统计、更新和总结会计信息，保证数据的时效性和动态性。这突破了传统会计静态分析与核算的禁锢。

2. 集成性

会计网络化是对会计信息进行集中分析和评估，通过软件线上进行会计的测评、核算、信息数据收集、收支结算等工作，保证高效充分利用企业资金。此外，会计网络化能够加强企业对电子商务的远程监管，提高工作效率。这种集成性可以加强企业约束、管理和资金评估，从而降低经营风险，增强企业应对风险的能力。

3. 共享性

会计网络化畅通了各部门的互联互通。依靠互联网，企业内部各部门、上下级之间的沟通渠道被拓宽，不同部门和单位之间可以共享财务状况、公司发展状况等专门信息。这有利于下级所属部门反馈情况、上级管理部门收集信息，提高决策的科学性和可行性，加强管理，从而有效指导部门发展和公司运行。

由此可见，对传统的会计制度进行变革，实行会计制度的网络化发展势在必行。

(二) 健全会计信息系统

"互联网+"时代，会计信息系统正逐渐代替传统会计，成为现代企业信息系统中的重要一环。通常，我们依照信息技术对会计信息系统影响的程度和其自身克服传统会计弊端的程度，将会计信息系统划分成手工会计信息系统、电算化会计信息系统、准现代会计信息系统和现代会计信息系统四个发展阶段。为了顺应时代发展的潮流，创新转型财务会计工作成为题中应有之义。

第一，加强会计信息系统标准化组织的建设。会计信息系统的复杂性可想而知，其相关标准也相应地具有综合性，由各种标准共同构成。根据会计信息系统的发展情况，制定出台相关标准和规范，为我国会计信息系统的发展提供一个准则，可以改善会计信息系统整体水平较低且发展不平衡的现象。

第二，建立与会计信息化发展相适应的安全保障体系。会计工作依赖信息化数据，一旦系统数据出错、丢失或被窃取，财务工作就会出现巨大损失。所以，建立安全保障体系，加强会计信息系统的安全性和可靠性是必要之举。

第三，加强我国会计人员的信息化培训。企业要不断提升会计工作人员的信息化素养，深化其对会计信息系统的理解，强化他们的信息化技术，使会计工作人员能够规范高效地提供安全的财务信息，保证会计信息的事实性、时效性和价值性。

第四，动态优化会计信息系统功能。会计信息系统不能处于停滞状态，应该构建多元、灵活的对外接口，加强系统与系统之间、内部与外部之间的信息交换，扩大信息应用的范围，满足使用者的个性化需求。

（三）完善内部控制体系

要建立完善的财务内部控制体系，必须先建立内部控制机制，否则，财务内部控制也会因为缺乏相应的程序、组织与规范而流于形式。而内部控制的建设也需要财务内部控制的支持。财务内部控制作为内部控制的基础，如果连基础工作都不能完成并不完善，那么内部控制工作也就无法顺利地展开，更不用提业务的规范以及财务业务一体化监督机制的建立了。因此，完善内部控制体系需建立风险管理机制，重视企业财务管理流程，规范内部会计工作。

一是通过内部审计工作不断完善财务内控体系。内部审计工作不仅是加强企业财务内部控制的有效手段，还是内部控制体系建设不可缺少及需要不断改进的重要一环。对财务内部控制的审计监督可以分为日常监督和专项监督。日常监督是对企业建立与实施财务内部控制的情况进行常规、持续的监督检查；专项监督则是对财务内部控制的货币资金、应收和预付款项、存货、固定资产、无形资产、在建工程、成本费用、采购等某一方面或者某些方面进行有针对性的监督检查。做好内部审计工作主要包括：首先，企业要重视内部审计工作，内部审计不是表面文章，而是提高企业财务管理能力的重要方式，本着发现问题、解决问题的方式，内部审计可以为公司创造更多的价值；其次，内部审计不仅有事后的审计，还包括事前、事中的全过程审计，内部审计可以通过事前的风险分析进行预防控制，通过事中的业务情况了解进行检查控制，通过事后的业务发生监督进行财务控制，从而不断完善财务内部控制，进而推动内部控制的体系建设；最后，要提高内部审计人员的综合素质，内部审计人员不仅需要熟悉财务工作，还要熟悉业务工作，要不断提高内部审计人员对财务内部控制的能力以及内部控制体系建设中出现的问题的解决能力。

二是建立风险管理机制。财务内部控制应该建立风险管理机制，结合定性分析与定量研究，以风险发生的可能性及其影响程度等为依据，分析、排序所识别的风险，确定关注重点的风险并及时控制。同时应当充分吸收专业人员，组成风险分析团队，按照严格规范的程序开展工作，确保风险分析结果的准确性。企业应该参照《中央企业财务内部控制评价工作指引》制定"企业财务内部控制评价工作指引"。

三是重视企业财务管理流程，规范内部会计工作。财务内部控制应该根据《会计法》等相关的法律法规对货币资金、实物资产、对外投资、工程项目、采购与付款、筹资、销售与收款、成本费用等建立相应的会计控制制度。同时，通过不相容职务相互分离控制、授权批准控制、会计系统控制、预算控制、财产保全控制、风险控制、内部报告控制、电子信息技术控制等控制方法建立合理的会计工作流程。规范的会计工作流程与合理的财务管理流程不仅是财务内部控制体系建设的根本，同时还是内部控制体系建设的基础。

四是建立并健全内部控制体系。企业应该按照《企业内部控制基本规范》及应用指引建立内部控制体系，通过建立规范的程序，不断完善企业的内部控制管理机制。完善财务会计内部的控制体系有助于管理会计工作人员，若出现工作问题或纰漏，可以快速对相关工作人员进行问责，保证财务会计工作的质量和效率。财务会计内部控制体系能够对信息保密，完善财务会计内部控制体系能够保证财务数据的安全传送，防止信息的泄露。

参考文献

［1］邱德君，裴雪，李奇伟. 现代企业财务会计与管理会计的融合发展［M］. 北京：九州出版社，2023.

［2］陈孝勇，陈星宇. 新时期财务会计理论及实践研究［M］. 北京：中国纺织出版社，2023.

［3］郭亿方，宁丽鹏，杨志欣. 财务会计与管理研究［M］. 延吉：延边大学出版社，2022.

［4］郭兆颖. 财务会计与管理会计融合发展研究［M］. 长春：吉林出版集团股份有限公司，2022.

［5］赵磊，杨秋歌，杨晓征. 财务会计管理研究［M］. 长春：吉林出版集团股份有限公司，2021.

［6］孙希双，王彦玲，梁涛. 财务会计方法与应用研究［M］. 北京：北京燕山出版社，2021.

［7］邢菁. "互联网+"时代财务会计的实践与创新研究［M］. 北京：中国商业出版社，2021.

［8］陶燕贞，李芸屹. 财务管理与会计内部控制研究［M］. 长春：吉林人民出版社，2020.

［9］刘烜江. 财务会计与管理会计融合的理论基础及实践策略研究［J］. 中文科技期刊数据库（全文版）经济管理，2023（2）：148-150.

［10］薛松. 基于多元智能理论的财务会计课程建设研究［J］. 科学咨询，2023（9）：96-98.

［11］郇松萍. 会计环境变革与财务会计理论创新研究［J］. 市场周刊，2023（2）：102-105.

［12］杨艳霞，吕永健."互联网+"背景下财务会计实践教学创新研究［J］. 福建轻纺，2023（3）：68-71.

［13］刘翠侠，黄敏，王立卫. 智能财务需求下会计专业实践教学改革与应用［J］. 中国教育技术装备，2023（21）：158-161.

［14］王姝月. 会计环境变革和财务会计理论的创新思考［J］. 时代经贸，2022（8）：60-62.

［15］刘玉杰. 会计专业财务共享实践教学基地建设的必要性［J］. 现代企业，2022（7）：165-167.

［16］高祥. 财务会计与管理会计融合的理论及发展实践研究［J］. 大众投资指南，2022（35）：112-114.

［17］颉茂华，张婧鑫，刘远洋. 我国财务管理实践探索、理论创新与发展路径［J］. 财会月刊，2021（1）：52-58.

［18］訾薇宇. 财务会计教学内容和方法的实践研究［J］. 文化创新比较研究，2021（3）：87-89.

［19］许永江. 管理会计与财务会计融合发展的理论探讨［J］. 财会学习，2021（24）：69-71.

［20］杨修，马云丽. 基于虚拟仿真技术的财务会计教育专业实验实践教学研究［J］. 创新创业理论研究与实践，2021（8）：40-43，46.

［21］吴玉霞. 浅谈会计环境变革与财务会计理论创新［J］. 福建质量管理，2020（6）：52.

［22］田玉兰，杨烁. 财务会计翻转课堂：理念、实践与思考［J］. 金融理论与教学，2019（4）：85-86，90.

［23］肖子琦. 浅谈会计环境变革与财务会计理论的创新［J］. 中国商论，2019（6）：182-183.

［24］隋玉明. 管理会计与业财融合的延伸：财务全覆盖理论与实践研究［J］. 中国农业会计，2018（10）：16-17.

［25］刘玉波. 会计环境变革与财务会计理论探讨［J］. 中国国际财经（中英文），2018（1）：43-44.

［26］徐杰. 财务会计理论与实践相结合的创新［J］. 中国乡镇企业会计，2018（7）：263-264.

［27］李芳春. 管理会计理论与实践在高校财务管理中的运用分析［J］. 财会学习，2017（18）：64.

［28］张小林. 企业财务管理中会计理论的实践运用［J］. 经济视野，2016（24）：100.

［29］张小军. 管理会计理论与实践在高校财务管理中的运用［J］. 财会研究，2016（10）：37-39.

［30］周兵. 财务会计与管理会计有效融合的理论基础及实践方式分析［J］. 全国商情（理论研究），2016（30）：84-86.

［31］罗桂兰. 财务会计理论与实践相结合的创新研究［J］. 现代营销（下旬刊），2016（8）：115-116.

［32］唐颖倩，苗馨月，王畅，等. ERP 下物料管理的风险分析及内部控制设计［J］. 北方经贸，2015（5）：218-219，221.

［33］吕彦花. 财务会计理论与实践相结合的创新［J］. 中外企业家，2015（21）：177-178.

［34］高瑾瑛，黄铮，安玉琴. 现行财务会计理论与实践的矛盾及其协调：兼论资本成本会计的作用［J］. 山西财政税务专科学校学报，1999（6）：36-38.

后　记

　　随着社会经济水平的不断提高，对财务会计理论与实践的研究也在探索中得以发展。本书在阐述财务会计理论与实践探索内容时，首先对相关概念进行概述，从而为本书的深入研究奠定坚实的理论基础，有利于加深对财务会计理论与实践的认识和了解。其次，通过科学的数据收集手段，确定研究方向与写作脉络。最后，从不同的角度探究了财务会计理论与实践的重要内容，深化研究成果。

　　希望本书能够为财务会计理论与实践的研究、发展贡献绵薄之力，期待各界人士共同探索财务会计理论研究的新方向。对于本书在创作过程中受到的众多关注与得到的支持表示诚挚的感谢！

　　衷心感谢在财务会计理论与实践研究领域颇有建树的各位专家、学者，正是有了前人的资料与理论的支撑，本书才得以顺利完成。

　　纵使本书耗费大量心血著成，也难免存在不足之处。敬请读者、专家批评指正。

作者
2024 年 7 月